世界が認めたおなかの弱い人の食べ方・治し方

パン・豆類・ヨーグルト・りんごを食べてはいけません

江田証
AKASHI EDA
医学博士　江田クリニック院長
日本消化器学会専門医
日本消化器内視鏡学会専門医

さくら舎

はじめに

この本は、おなかの調子がよくなくて、悩んでいる人のための本です。

ガスが多く、おなかが張る、下痢《げり》や便秘《べんぴ》などに毎日苦しんでいるあなたの本です。

日本人はおなかの不調な人が多い民族です。

おなかの不調で悩んでいる人は、日本はアジアの中でも非常に多く、日本人の一四%。

なんと一〇人にひとり以上もいます。

涼しい顔をしているあなたの隣の人も、ひそかに悩んでいるのがおなかの不調なのです。

この本の内容を実践すれば、長いあいだ悩んできたおなかの不調が改善します。

きっと、あなたはこれまで、たくさんのお医者さんからアドバイスを受け、健康書などから多くのことを学んでこられたと思います。

それにしたがって、あなたはいくつか努力もしてきたはずです。

食事を工夫したり、ストレスも解消しようとしたでしょう。

しかし、それでよくなりましたか?

たくさんの「腸の健康法」の本が出ているにもかかわらず、これだけ調子がすぐれずに、食事法について疑問や不信感をいだいている人が多いのはなぜでしょうか？　おなかの不調を訴えている人の三分の二までが、おなかの症状の悪化には食事が関係するというデータがあるにもかかわらずです。

それは、その腸を整える健康法、じつは「間違っている」からです。

間違っているだけならいざ知らず、その健康法のために、あなたの腸の調子はかえって悪化し、傷つけられているかもしれないのです。なぜなら、正しい方法と真逆のことをしているからです。

「え？　その健康法はお医者さんから教わったんですけど？」

そうお思いかもしれません。

これまで医者は、「なるべく食物繊維《せんい》をとり、脂っこいものを避けてください」などというあいまいな指導をしてきましたが、ほとんど効果はなく、科学的な根拠のはっきりしているもの、臨床《りんしょう》研究の結果、効果がはっきりしている食事法はありませんでした。これが患者さんたちの失望の結果につながっていたのです。

実際のところ、腸の健康法は、正しい方法を日本の医者そのものがまだよく知らないのが実情なのです。医者は診断をくだすことは上手でも、おなかの問題解決にはよい実績がありません。それは、医者自身がおなかの不調は単に心理的なものが大きいと信じており、食事法を軽視してきたからです。

じつは、おなかの調子がすぐれない人にとって、腸には「四つの敵」がいます。この四つには二面性があります。おなかの調子がよい人には「いい顔」をして役に立つくせに、おなかの調子の悪い人には、「弱い者いじめ」をするようにふるまいます。

それればかりではありません。これらの「敵」を食べると、人によってはだるさ、ひどい疲労感をもたらします。原因のわからない疲れはこれら「四つの敵」のせいなのです。ほぼ一〇人にひとり以上が、おなかの症状に苦しみ、これが理由で長期もしくは頻繁《ひんぱん》に職場や学校を休む人が多いのが現状です。

ですから、おなかの調子が悪い人は、この四つと距離をとり、疎遠《そえん》になることが大切なのです。

この「真に腸を整える食事法」は、オーストラリアのモナッシュ大学で発見され、アメリカではハーバード大学、イエール大学、コロンビア大学、ペンシルバニア大学などそうそうたる一流大学からこの食事法の有効性を示す論文が発表され、いまや欧米の大学病院では盛んに実践されています。世界一八ヵ国から医学専門家が招集され議論をおこなっている世界的権威、ローマ財団（Rome Foundation）は、二〇一三年、この食事法を最も安全かつ有効性の高い治療法として推奨しています。

この食事法は、科学的な根拠をもったはじめての食事プログラムで、世界的に最も権威の高い消化器系の医学誌（「Gastroenterology」誌など）にもその有効性を証明する論文がたくさん掲載されています。おなかの調子が悪い人以外にも、ガスが多くて悩んでいる人、腸閉塞《へいそく》（イレウス）や大腸憩室《けいしつ》、炎症性腸疾患《しっかん》（潰瘍《かいよう》性大腸炎、クローン病）、セリアック病（完全グルテンフリー食も併用）、はたまた逆流性食道炎にも応用できるのです。

ぜひ、この新しいグローバルスタンダードな食事法を学び、人生を楽しいものにしてください。

私はこの食事法を日本でいち早く導入し、その効果を実感してきた消化器内科医です。この食事法を実際に指導しはじめてからというもの、体調が著しく改善した患者さんたちからのよろこびの声が多く聞かれるようになりました。この食事法は、現在、欧米では科学的な証拠に基づいた、まず第一に選択する「治療法」とみなされています。

日本人の一四%の、かよわき腸をもった、一七七五万人のひとびとへ捧げます。腸が整えば、おなかの不調に悩まされることなく、あなたは好きなことに集中でき、恋も趣味も楽しめ、自分が本来もっている力を発揮できます。

きっとすばらしい人生が開けてくるでしょう。

江田《えだ》　証《あかし》

目次◉パン・豆類・ヨーグルト・りんごを食べてはいけません

第二章　おなかの調子が悪い人の食生活

第三章　低FODMAP食の劇的な効果

第四章　低FODMAP食と高FODMAP食

第五章　自分のおなかに「傾聴」を

第七章 「見た目が若い」は腸によい食生活から

パン・豆類・ヨーグルト・りんごを食べてはいけません

――世界が認めたおなかの弱い人の食べ方・治し方

第一章　糖質と食物繊維が危ない！

三週間であなたの腸がよみがえる

お医者さんからおなかの症状を、「気のせい」だと言われたことがありませんか？

いろいろと検査をしたのに、異常がない。だから、気のせいだとか、ストレスが原因でしょう、など。

もちろんそれも一理あることはあります。

しかし、ものごとには必ず原因があるのです。

原因があるから、結果がある。

検査で異常がないから、問題なし、ストレスや精神的なもの、ではちょっと心もとない。

原因をもっとしっかり突きつめたい。

そう思いませんか？

腹痛や下痢《げり》、便秘《べんぴ》など、その頑固な症状の原因がだいぶわかってきました。

それは、意外な食べものたちに含まれる「四つの敵」が原因だったのです。

それも、一般的には、「腸によい食べもの」とさえされ、医者からは積極的に食べた方がいい、と指導されていることが多いものです。

その真実を知り、うまく食事を工夫することで、あなたの腸は、三週間でよみがえりま

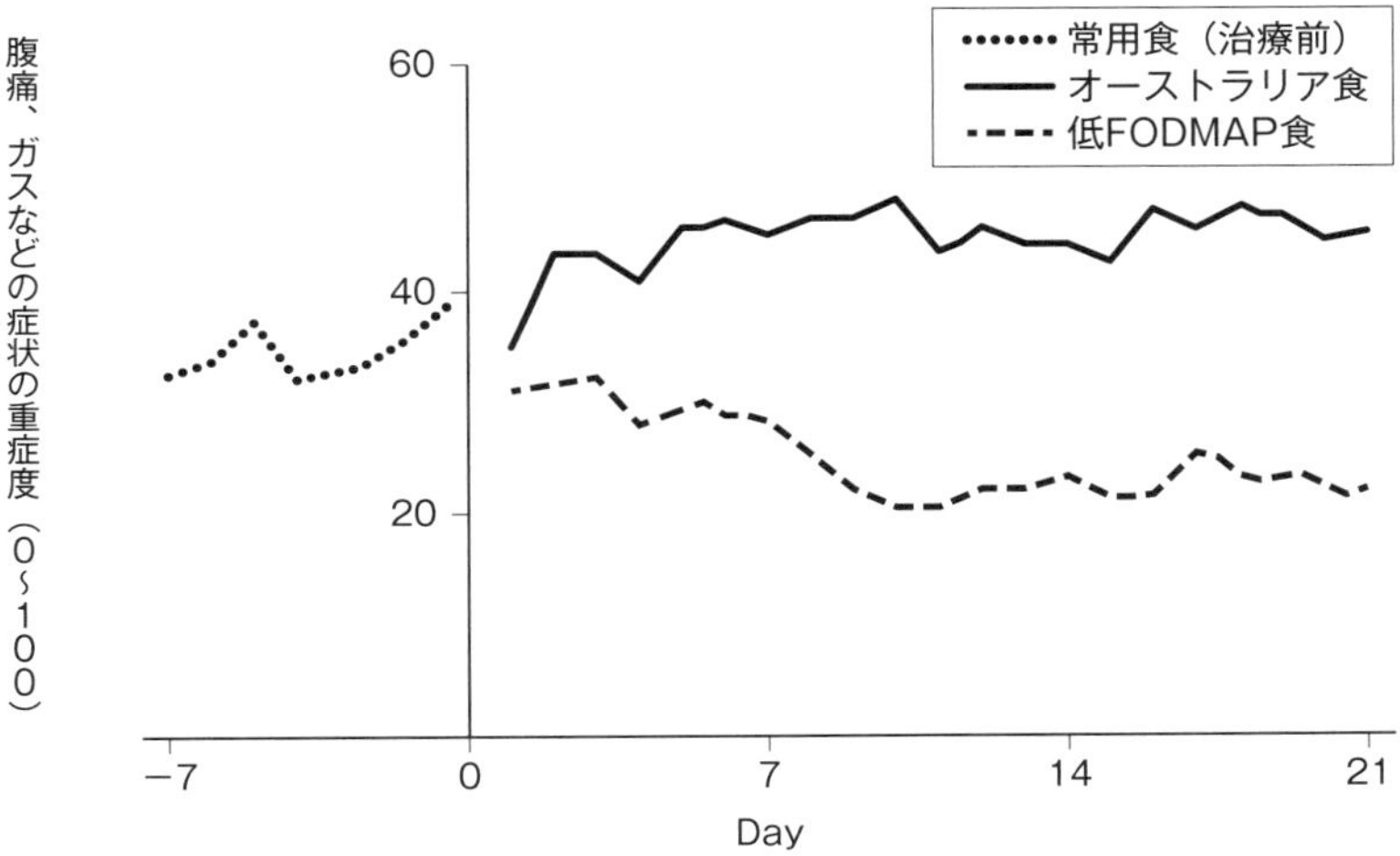

図1　低FODMAP食と典型的オーストラリア食摂取後のおなかの症状

（Halmos EP *et al*, 2014より引用）

す。

そうはいっても、健康法の効果は、科学的な根拠を見せられなくては信用できませんね。

では、この本で紹介する食事法と、一般的な家庭料理のおなかへの効果の比較をお見せします。

図1を見てみてください。この図はおなかの不調で悩んでいる人たちのグラフです。

実線は、ふつうの家庭料理（オーストラリア食）を食べていた人のおなかの症状を示しています。

縦軸が、おなかのつらい症状のひどさを示しています。

横軸が、食事を食べた日数を示しています。

このグラフを見ると、家庭料理をいくら食べていても、おなかの症状はいっこうによくならないことがわかります。

しかし、この食事法を実践している人（点線）は、日に日におなかのつらい症状のレベルが下がって、三週間でかなり楽になってきていることがわかります。

もともとおなかの調子が悪くない人たちは、どちらの食事をしていても症状には影響しません。

つまり、この食事法は、おなかの調子が悪い人には症状を改善し、ふだんからおなかの調子が悪くない人にはよくも悪くも作用しない理想的な食事法といえるのです。

じつは大腸だけを気にしていても、病気はよくなりません。

小腸を強くすれば、病気にならないのです。

小腸を強くすれば、病気にならない

これから、この小腸を強くし、おなかをほんとうに調子よくしてくれる食事法について説明していきます。

●食事によっておなかの症状が悪くなる

●じつは、ヨーグルト、オリゴ糖、発酵《はっこう》食品がおなかの調子を悪くしていた！

●「腸内細菌《さいきん》健康法」の誤り

みなさんは、最近よく「腸内細菌を整えて健康になる」というたぐいの本、特集記事、テレビなどを見たことがあるでしょう。

それによると、腸の調子を整えるために、たくさんオリゴ糖をとり、ゴボウ、豆、アスパラガスなどの食物繊維《せんい》をとり、納豆、キムチなどの発酵食品をとるようにとしています。

しかし、これらは腸に症状のない「健康な人」に適した食事法ではありますが、決しておなかの調子が悪い人の腸の症状は改善させません。

むしろ、下痢やガス、腹満、便秘などのおなかのつらい症状をかえって悪化させているのです。

「意外だ」とお思いの方に、さっそくその原理を説明したいと思います。

おなかの不調は、ある「糖質《とうしつ》（FODMAP《フォドマップ》）」が原因だった

食べものがとおる道すじは、口→食道→胃→十二指腸《じゅうにしちょう》→小腸→大腸の順番です。

食べものを食べると、まず口から食道の中に入っていきます。

食道をとおって、食べものは胃に入ります。

次に、食べものは胃から小腸に運ばれます。

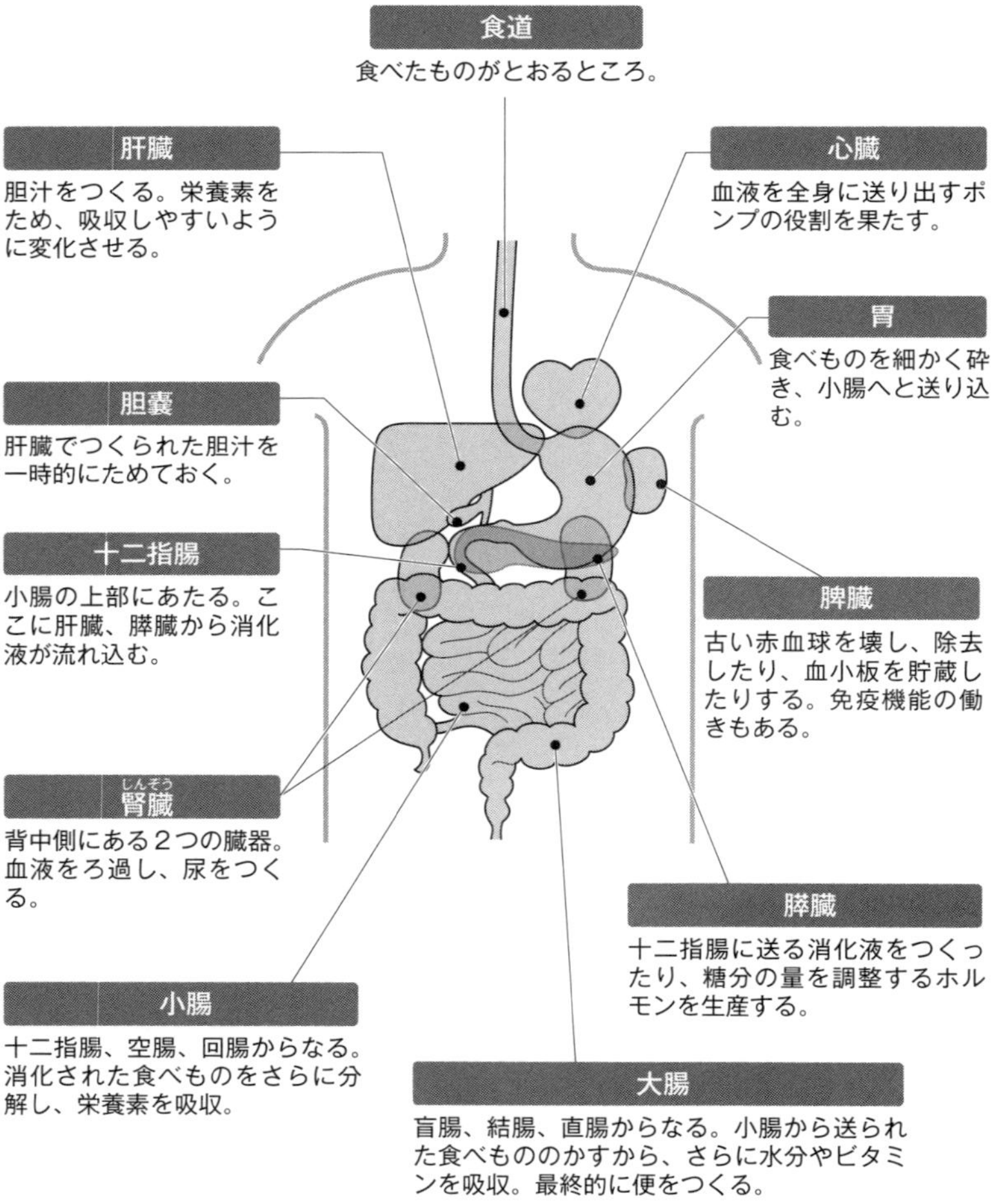
食道
食べたものがとおるところ。
肝臓
胆汁をつくる。栄養素をため、吸収しやすいように変化させる。
心臓
血液を全身に送り出すポンプの役割を果たす。
胃
食べものを細かく砕き、小腸へと送り込む。
胆嚢
肝臓でつくられた胆汁を一時的にためておく。
十二指腸
小腸の上部にあたる。ここに肝臓、膵臓から消化液が流れ込む。
脾臓
古い赤血球を壊し、除去したり、血小板を貯蔵したりする。免疫機能の働きもある。
腎臓《じんぞう》
背中側にある2つの臓器。血液をろ過し、尿をつくる。
膵臓
十二指腸に送る消化液をつくったり、糖分の量を調整するホルモンを生産する。
小腸
十二指腸、空腸、回腸からなる。消化された食べものをさらに分解し、栄養素を吸収。
大腸
盲腸、結腸、直腸からなる。小腸から送られた食べもののかすから、さらに水分やビタミンを吸収。最終的に便をつくる。

図2　内臓の働き

小腸の中を消化された食べものが進んでいきます。小腸の中を拡大してみると、大きくわけてふたつの糖質があることがわかります（図5）。

ひとつは、ふつうの糖質です。これは非常に吸収がよい糖質です。

もうひとつは、問題を起こす糖質です。なぜなら、これらの糖質は非常に吸収が悪いからです。この問題を起こす糖質をＦＯＤＭＡＰ《フォドマップ》と呼びます。

ふつうの糖質は非常に吸収がよいため、腸の粘膜《ねんまく》に存在するポンプからどんどん吸収されていき、腸の中から姿を消していきます。

しかし、ＦＯＤＭＡＰと呼ばれる問題の糖質は腸の中での吸収が非常に悪いため、なかなか腸の中に入っていきません。

この糖質（ＦＯＤＭＡＰ）こそが、冒頭で述べた「四つの敵」にあたります（どうして四つなのかはのちほど説明します）。ＦＯＤＭＡＰとは、発酵性の吸収されにくい短鎖《たんさ》炭水化物群です。

ここでは、ＦＯＤＭＡＰ（糖質）は吸収の悪い炭水化物たちと考えておいてください。

したがって、問題を起こす糖質（ＦＯＤＭＡＰ）を含んだ食べものを食べすぎると、小腸の中で、問題を起こす糖質（ＦＯＤＭＡＰ）の濃度がどんどん濃くなっていきます。

人間の体の性質には、「濃いものを薄めようとする」性質があります。

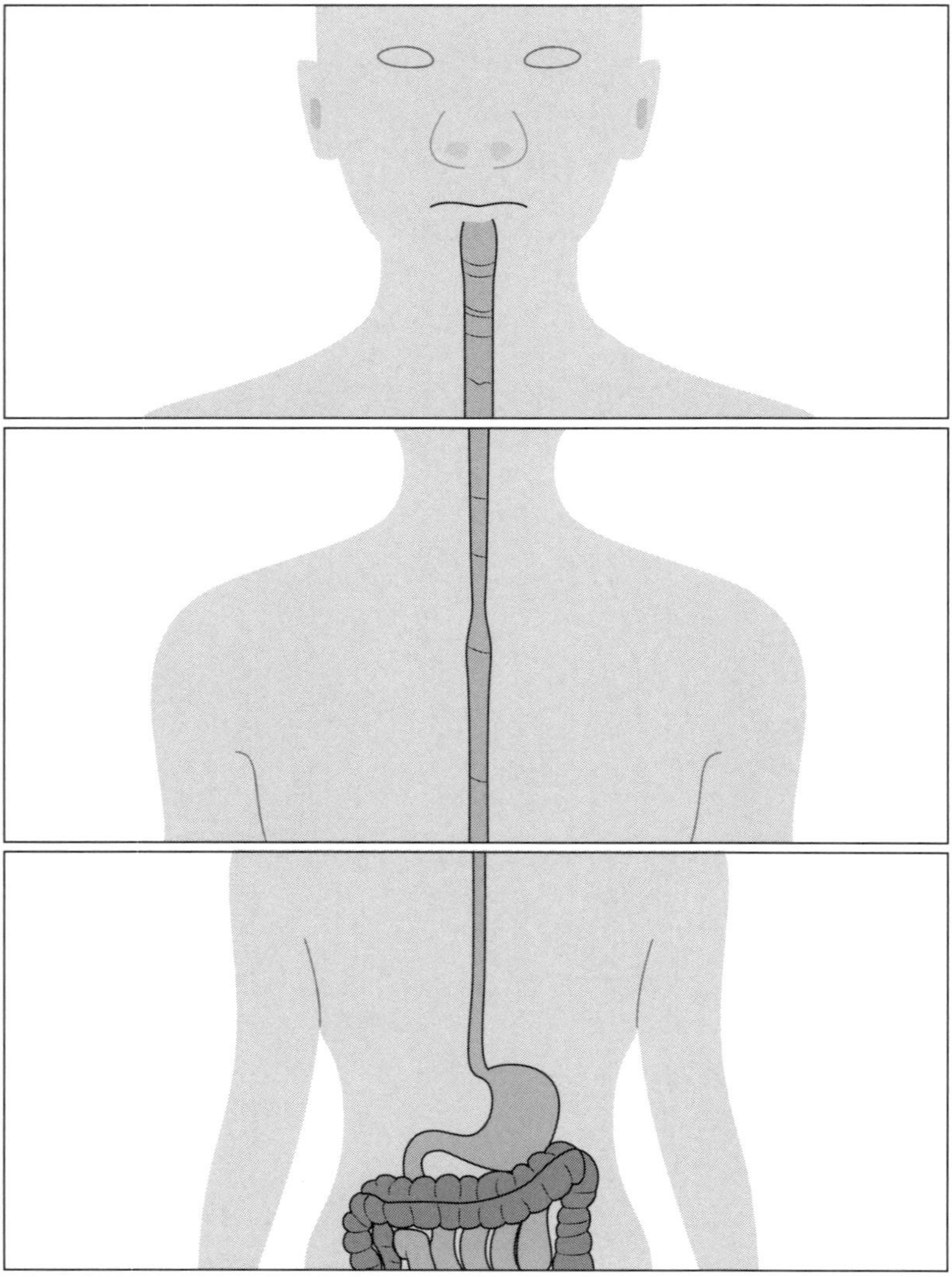

食べものを食べると、口から食道の中に入っていく。

食道をとおって、食べものは胃に入る。

図3　FODMAPの消化と吸収（Monash Universityの画像からイラスト化）

次に、食べものは胃から小腸に運ばれ、

小腸の中を食べものが進んでいく。

小腸を拡大して観察してみましょう。

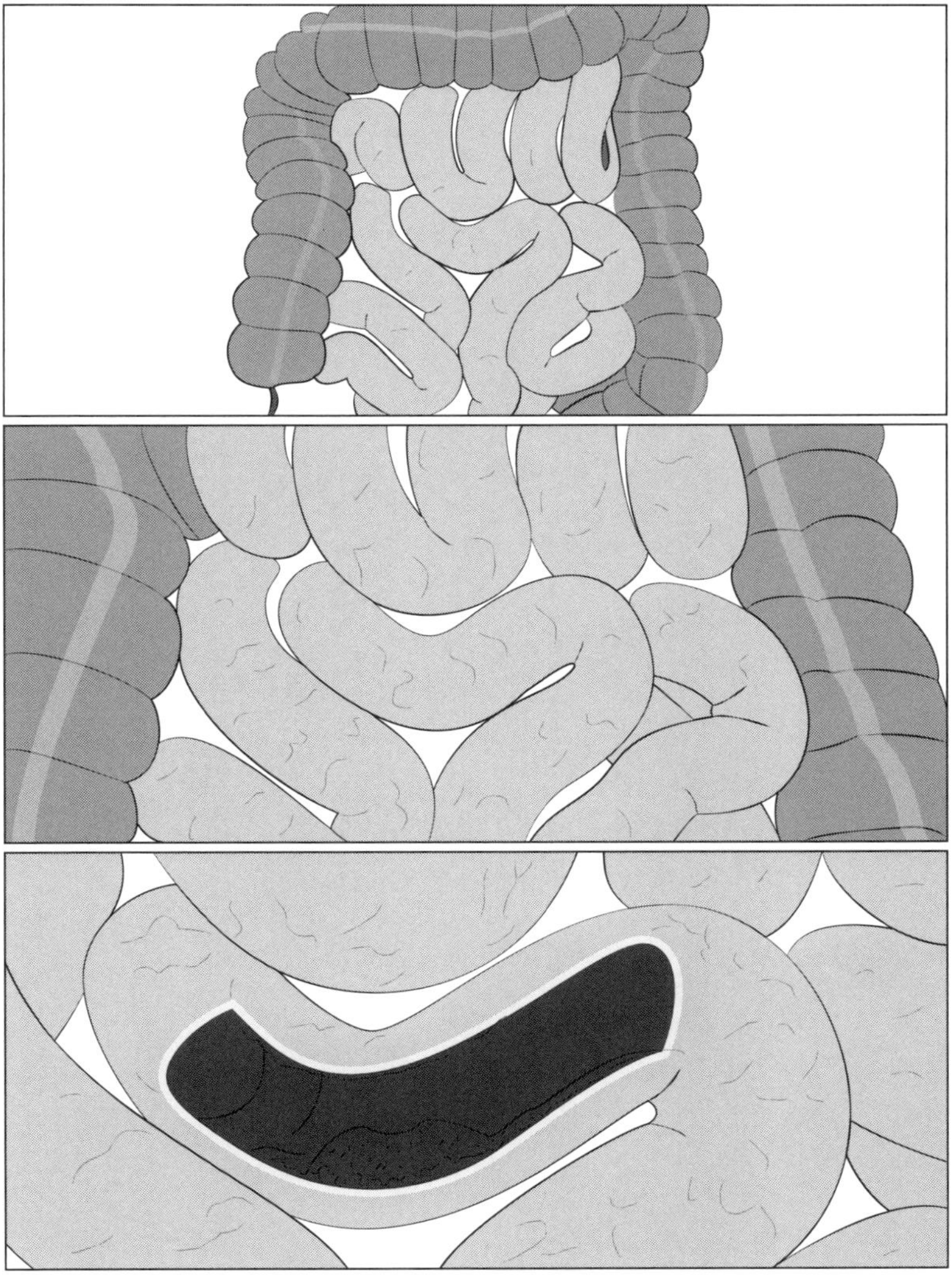

図4　FODMAPの消化と吸収

小腸の中には、大きくわけて二つの糖質がある。ひとつは、ふつうの糖質で、非常に吸収がよいため、腸の粘膜に存在するポンプからどんどんと吸収されていき、腸の中から姿を消していく。もうひとつは、問題を起こす糖質。この糖質は、非常に吸収が悪い。これをFODMAP（フォドマップ）と呼びます。

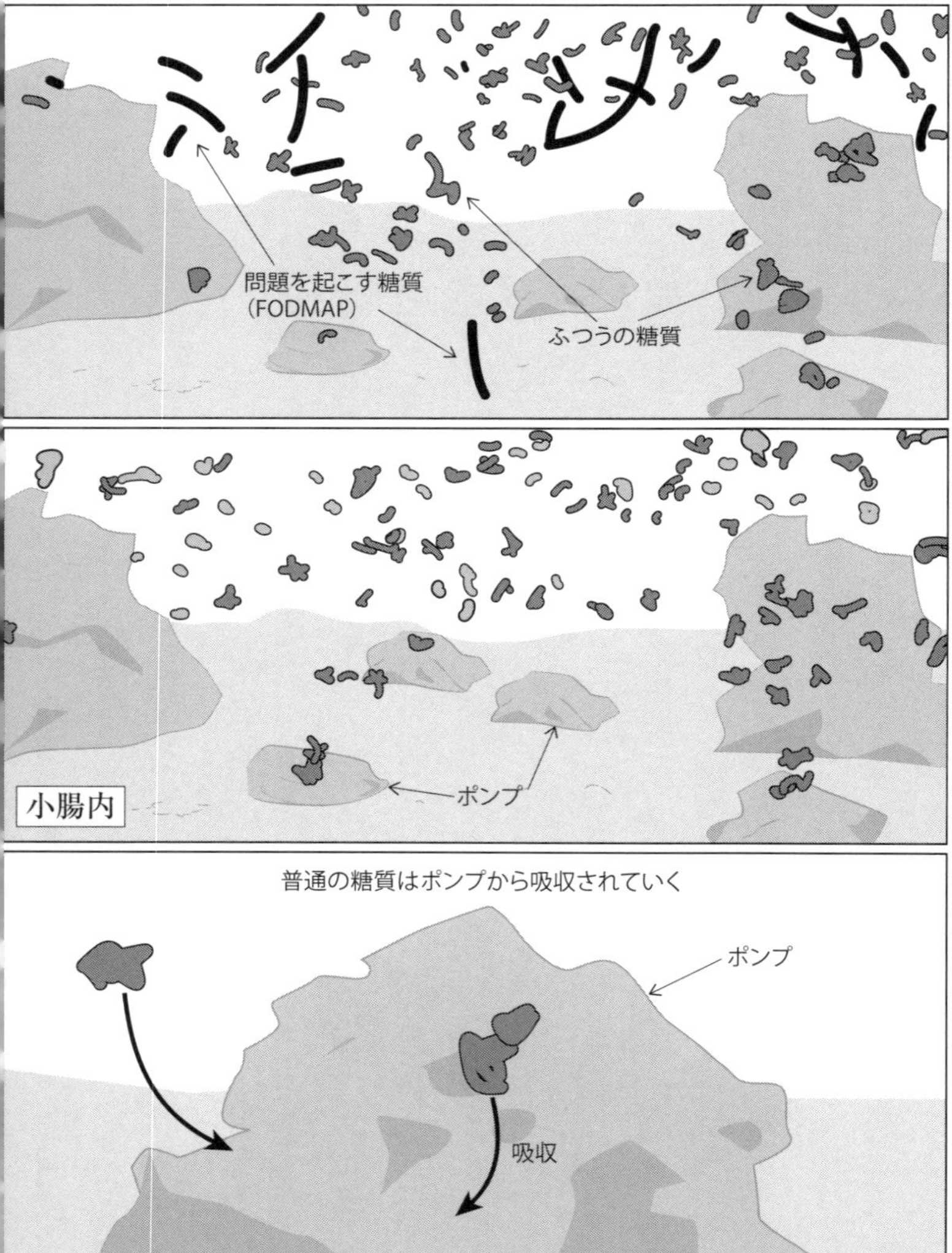

図5　FODMAPの消化と吸収

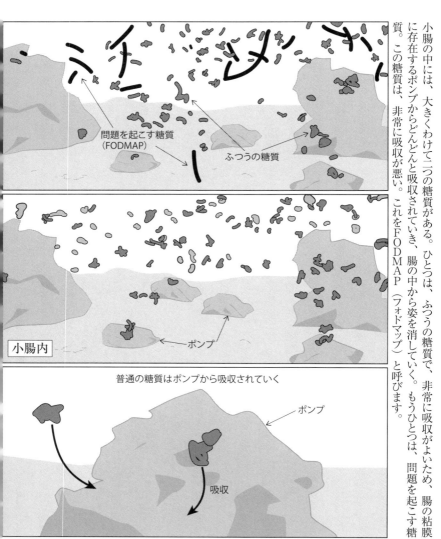

吸収が悪い糖質（ＦＯＤＭＡＰ）をふくんだ食べものを食べすぎると、小腸の中で、吸収が悪い糖質の濃度がどんどん濃くなっていく。小腸の中に、あまりに濃いものがあると人間の体はそれを薄めようとして、小腸の中に大量の水分が引き込まれ、小腸の中は、「水びたし」の状態になってしまう。

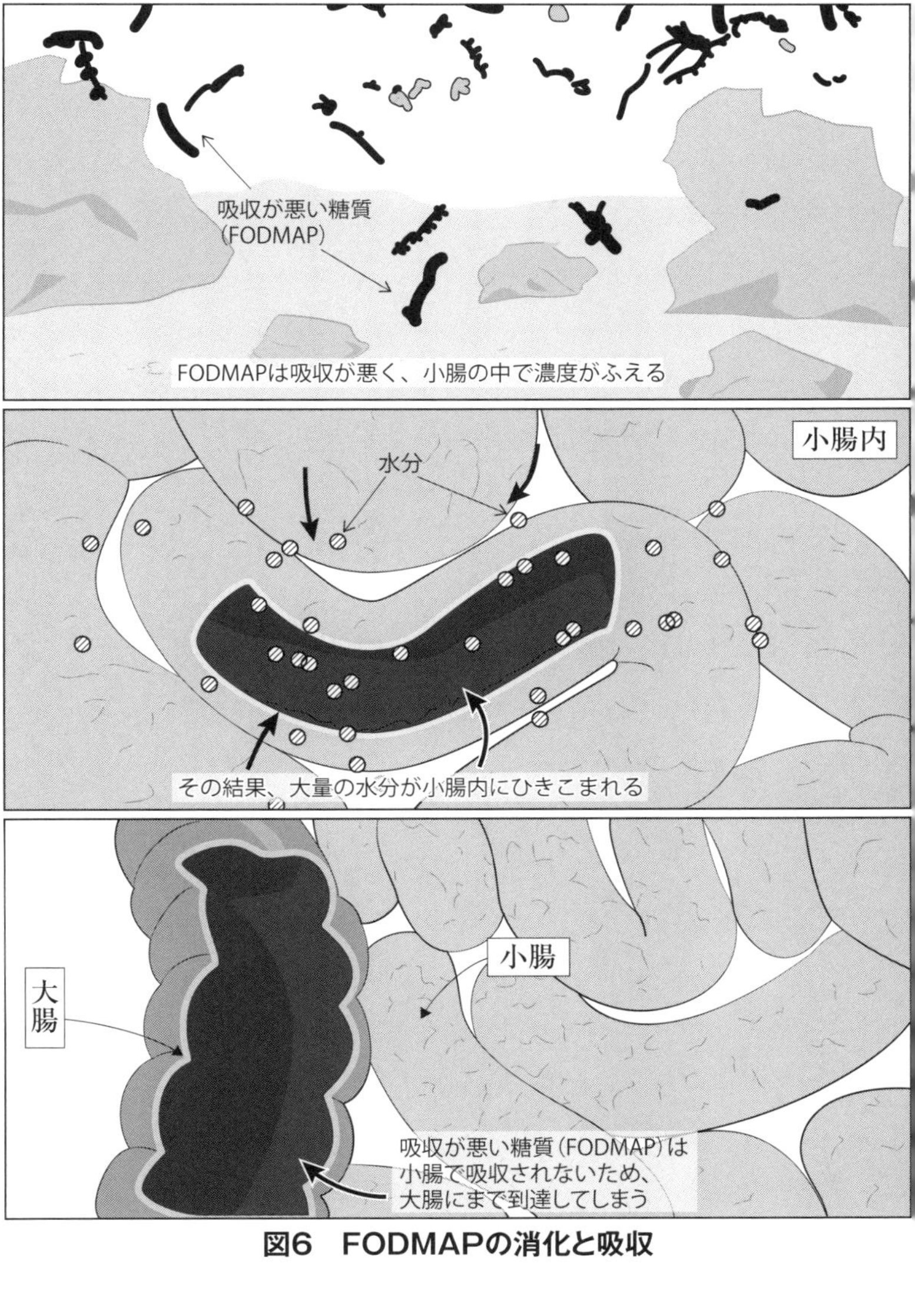
吸収が悪い糖質
(FODMAP)
FODMAPは吸収が悪く、小腸の中で濃度がふえる
小腸内
水分
その結果、大量の水分が小腸内にひきこまれる
小腸
大腸
吸収が悪い糖質(FODMAP)は
小腸で吸収されないため、
大腸にまで到達してしまう

図6　FODMAPの消化と吸収

小腸の中に、あまりに濃いものがあると、人間の体はそれを薄めようとするのです。

結果として糖質（FODMAP）の濃度が高まることで、人間の体は、血管の中から小腸の中に大量の水分を引き込んでくるのです。


そうすると、小腸の中は、「水びたし」の状態になってしまいます。

水でいっぱいになった小腸は、水によって腸が刺激されて運動が過剰になります。

結果として、おなかがゴロゴロしたり、痛みが出ます。

水が増えるので、下痢をします。過剰な液体に対処するため、腸は通常、腸の内容物を押し出す速度を速め、こうして下痢を起こすのです。

水が大量にたまるので、おなかがパンパンに張ってしまうのです。

このように、糖質（FODMAP）を含んだ食品は、小腸に負担をかけるのです。

現代人の食事では、とくに小腸で吸収しにくい糖質を含む食品が非常に多いのです。

小腸に負担をかけないことが、おなかの不調を改善することにつながるのです。

腸内細菌とFODMAPが大腸内で異常な発酵を起こす

それだけではありません。

この糖質（FODMAP）は、小腸ではほとんど吸収されないために、大腸にまで到達してしまいます。

正常の人の大腸の中の便には、もうほとんど栄養分が残っていないのがふつうです。なぜなら、小腸でほとんどの栄養分が吸収されてしまっているので、便は大腸に達するころには「しぼりかす」のような状態になっているからです。

しかし、糖質（ＦＯＤＭＡＰ）が大腸まで届いてしまうと、大腸の富栄養化が起こります。

つまり、「赤潮《あかしお》」のようなものです。

「赤潮」とは、川に過剰な栄養分が流されると、それを食べるプランクトンが異常に増え、海が真っ赤になってしまう現象です。

赤潮が発生すると、プランクトンの大量発生により、海の中の酸素が足りなくなります。魚のえらにもプランクトンがつまって窒息《ちっそく》し、大量の魚が死んでしまいます。

大腸もおなじで、本来届かない方がいい過剰な栄養素が届くと、赤潮のように不都合が出るのです。

大腸には、大量の腸内細菌たちが待ちかまえています。

糖質（ＦＯＤＭＡＰ）は、小腸での吸収が悪いため、大腸にまで到達し、腸内細菌のファーストフードとなり、腸内細菌のエサになります。

この吸収が悪い糖質（FODMAP）は、小腸でほとんど吸収されないために、大腸にまで到達してしまう。大腸には、大量の腸内細菌たちが待ちかまえていてFODMAPは腸内細菌のエサになる。腸内細菌とFODMAPは、大腸内で異常な発酵を起こし、過剰なガス（水素）が発生。

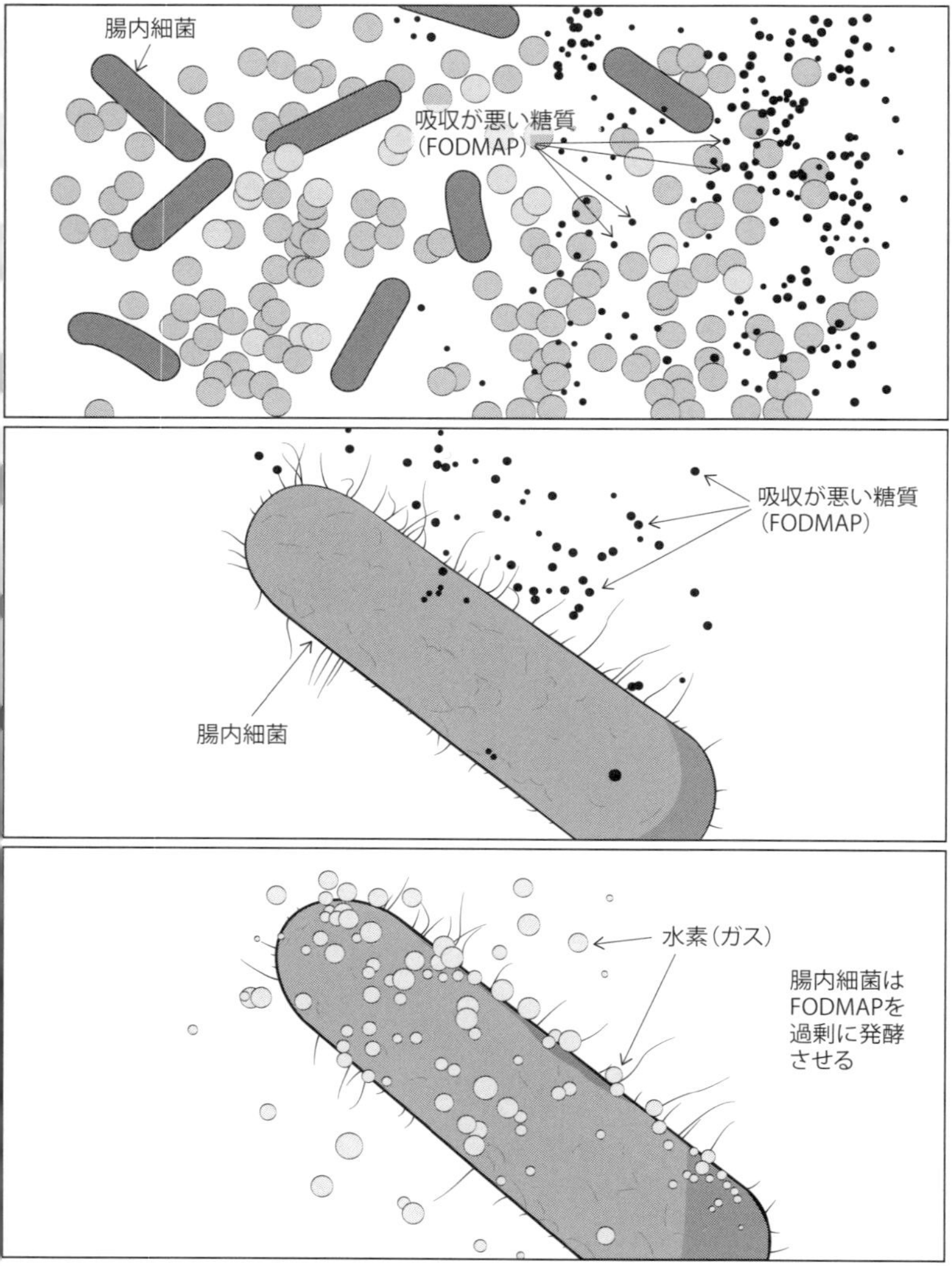

図7　FODMAPの消化と吸収

小腸で過剰にたまってしまった水分と、大腸で大量に発生したガス（水素）によって大腸がパンパンに張ってしまう。おなかがこのように張る（鼓腸という）と、腸のまわりにある神経が過敏にそれを感じ取る。

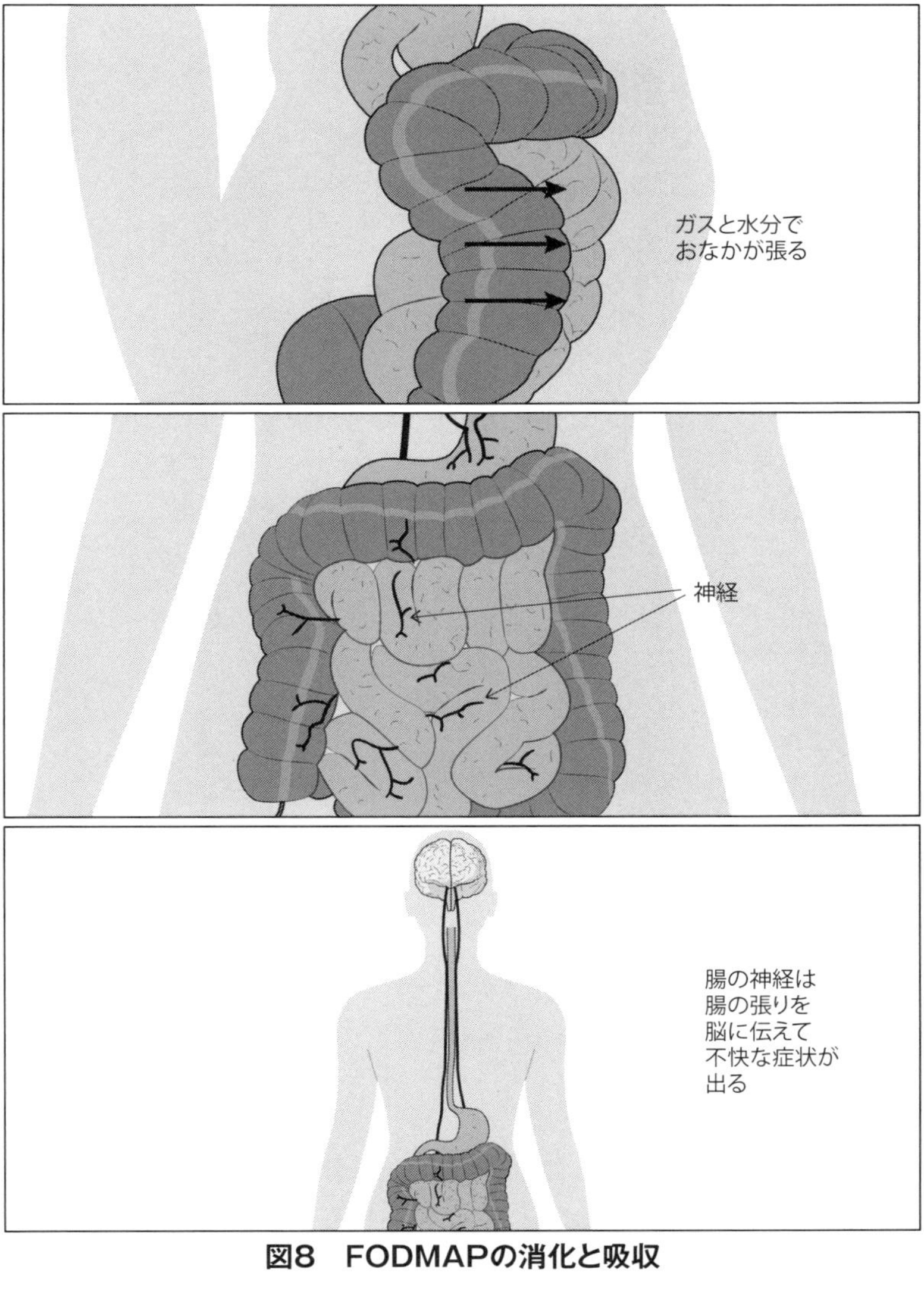
ガスと水分で
おなかが張る
神経
腸の神経は
腸の張りを
脳に伝えて
不快な症状が
出る

図8　FODMAPの消化と吸収

腸内細菌と糖質（ＦＯＤＭＡＰ）は、大腸内で異常な発酵を起こします。発酵にともない、過剰なガス（水素）が発生します。

ビールやパンをつくると発酵でたくさんガスが発生することはあなたもご存じでしょう。それとおなじことが大腸の中で起こるのです。細菌が糖類などの炭水化物を発酵させると、発生するガスはほとんどが水素と二酸化炭素、またはメタンです。

その結果として、糖質（ＦＯＤＭＡＰ）を食べる前にはふつうだったおなかも、小腸で過剰にたまってしまった水分と、大腸で大量に発生したガス（水素）によってこんなにパンパンに張ってしまうのです。

おなかの膨張は、過剰な水分やガスが腸に行き、とくに小腸の最後の九〇㎝の部分と大腸の先端の後方部分（盲腸のあたり）にたまるのが原因であることが多いのです。

おなかがこのように張ると、腸のまわりにある神経が過敏にそれを感じ取ります。

その刺激は、神経をとおって、脳に伝わり、疲れ・不安・おなかのさまざまな不快な症状を生むというわけです。

おなかの調子が悪い人がやるべきことは、さまざまな糖質の中で、ＦＯＤＭＡＰを含んだ食事をできるだけ避けた食事、すなわち低ＦＯＤＭＡＰ食を取り入れることなのです。

小腸がこのような状態（**図9**）になれば、体のさまざまな不調が一気に改善します。

その刺激は、神経をとおって、脳に伝わり、疲れ・不安・おなかのさまざまな不快な症状を生む。

おなかの調子が悪い人はＦＯＤＭＡＰを減らそう。

小腸がこのような状態になれば、体のさまざまな不調が一気に改善。

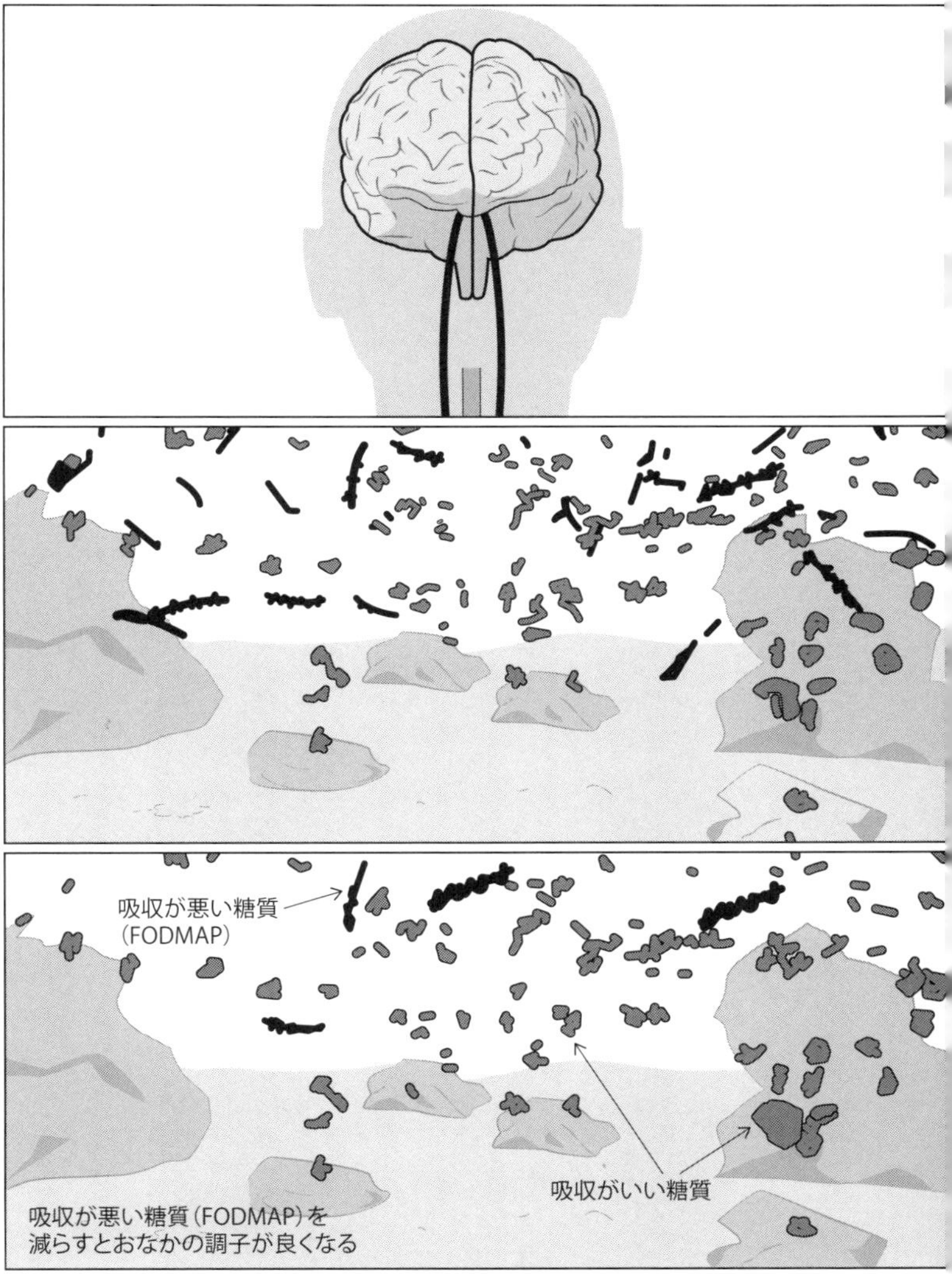

図9　FODMAPの消化と吸収

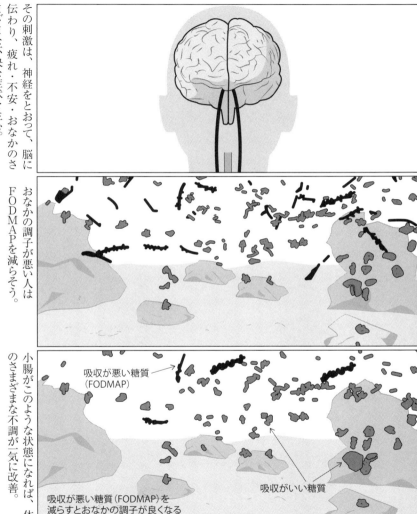

では、小腸に負担をかけるＦＯＤＭＡＰとは、いったいどんなものなのでしょうか？どのような特徴をもち、どんな食べものにＦＯＤＭＡＰは含まれているのでしょうか？どのようなプランでこの低ＦＯＤＭＡＰ食を毎日の生活に導入していったらいいのでしょうか？　その具体的なプランについて説明します。

「具体的なレシピとはどのようなものか？」

「この食事療法とともに併用してみた方がいい習慣、心のもち方、お薬などは？」

「過敏性腸症候群《かびんせいちょうしょうこうぐん》以外のどんなおなかの病気（憩室《けいしつ》、腸閉塞《へいそく》〈イレウス〉、潰瘍《かいよう》性大腸炎、クローン病など）に応用可能なのでしょうか？」

さまざまな知りたいことにこれから答えていきましょう。

ＦＯＤＭＡＰが腸に悪さをしていた！

これから詳しく説明していくＦＯＤＭＡＰこそが、おなかの不調が続いている人にとっての「四つの敵」です。

ＦＯＤＭＡＰとは、●Ｆ（Fermentable）：発酵性の糖質で、●Ｏ（Oligosaccharides）：「オリゴ糖」●Ｄ（Disaccharides）：「二糖類」●Ｍ（Monosaccharides）「単糖類」●Ａ（And）「そして」●Ｐ（Polyols）：「ポリオール」の略です。

FODMAPは、炭水化物に含まれる、過敏性腸症候群などのおなかの不調を引き起こすと考えられている特定の糖質の総称。これらの糖質を含む食品をとると、腸の運動が過敏になり、ガスが増える。

F Fermentable（発酵性の糖質）

O Oligosaccharides（オリゴ糖）

・ガラクトオリゴ糖（GOS）（ガラクトースの重合体）…レンズ豆、ひよこ豆などの豆類に含まれる。
・フルクタン（フルクトースの重合体）…小麦やたまねぎなどに含まれる。

D Disaccharides（二糖類）

・二糖類に含まれる乳糖（ラクトース）…高乳糖食（牛乳、ヨーグルト）に含まれる。

M Monosaccharides（単糖類）

・フルクトース…果糖。果実、ハチミツなどに含まれる糖の一種。

A nd

P Polyols（ポリオール）

・ポリオール（ソルビトール、キシリトールなど）…マッシュルームやカリフラワー、くだもの類に含まれる。

図10　FODMAPの意味

オリゴ糖と二糖類と単糖類は、糖の分子でできている炭水化物です。また、ポリオールは糖アルコールと呼ばれているもの、つまり糖の分子にアルコールの側鎖がひとつくっついているものです。

この本では、どの食品にＦＯＤＭＡＰが多く含まれ、どの食品を制限すべきか、どの食品にはＦＯＤＭＡＰが少なく安全か、どのように低ＦＯＤＭＡＰ食を開始すべきか、それらのプランについて説明します。

まずはじめに覚えておいていただきたいことは、

①低ＦＯＤＭＡＰ食は科学的にその効果が証明されていること

②必要な栄養はすべてとれること

③この低ＦＯＤＭＡＰ食を実践することによって、長期にわたっておなかのつらい症状が出ないようになるということです。

過敏性腸症候群は「エリート」に多い病気？

世界中で、そして日本でも一〇人にひとり以上が苦しんでいる病気があります。あなたの家族や恋人も悩んでいるかもしれません。

社会的に地位が高い人、高収入、高学歴の都会暮らしに多い病気がいま、脚光《きゃっこう》を浴びています。

この病気、じつは地球規模の健康問題となっています。アジア全体では全人口の九・六％を占め、日本人ではじつに一四％がこの病気に悩んでいるのです。

そんな「リア充」に多いのは、「過敏性腸症候群」という病気です。

下痢、おなかのゴロゴロ、張り、痛み……。日ごろから腸の調子がすぐれず悩んでいる人は本当にたくさんいるのです。

過敏性腸症候群とは、大腸内視鏡などの検査をおこなっても目に見える異常がないにもかかわらず、下痢、腹痛などの症状に悩まされる病気です。

なんと消化器科のお医者さんを受診する三一％がこの過敏性腸症候群の患者さんなのです。

この本を手にとってくださっているあなたも、おなかの調子が長いことすぐれないなら、この病気を疑ってみる必要があります。

この病気は、主にストレスや幼少期のトラウマなどに原因があると考えられてきて、感受性が強くストレスを受けやすい一〇～三〇代の若い人に多く、入学・入社・異動の時期に、とくに発症しやすいのが特徴です。

とくに都市に住む人に多く、世界的な都市化の波によるストレスやＰＭ２・５（有害物質を含んだ粒子）などの環境汚染物質も腸の炎症を悪化させています。

●過敏性腸症候群の原因とは？

●関節がやわらかい人はおなかの調子が悪い？

なぜ、過敏性腸症候群を発症する人としない人がいるのか、まだはっきりとした原因はわかっていません。複数の要素がからんでいるでしょう。

わかっていることは、腸神経系（ＥＮＳ）と呼ばれる複雑な神経系の調節がかかわっているということです。

ＥＮＳの調節がおかしいと、腸の中の神経が過敏になることがあり（内臓過敏）、腸の動き方や内容物の処理の仕方が異常になることがあります。

このＥＮＳの障害を起こすものとしては多くの要素があると考えられています。

たとえば、関節がやわらかい人にはおなかの調子が悪い人が多いのをご存じですか？

立って体を曲げると、足の指に手が届くだけではなく、床に手のひらがついてしまうような人です。

俗にいう体がやわらかいといわれる人。

このように関節の可動域が大きく、体がやわらかい、過可動性症候群の人は、腸の調子が悪いことが多いのです。

過去3ヵ月間、月に3日以上、
腹痛やおなかの不快感が繰り返し起こり、

1

排便すると、
おなかの痛みや
不快な症状がやわらぐ

2

おなかが痛いとき、
便（便秘、下痢）の
回数が増減する

3

おなかが痛かったり
不快なとき、便の形（外観）が
硬くなったり、水のようになる。

この3つのうち2つ以上
当てはまるなら

**過敏性
腸症候群の
疑いあり！**

腸そのものに
問題がないか検査を
することも大切

この条件に当てはまる場合、過敏性腸症候群の可能性があります。ただし、大腸がんなどの病気の場合でもおなじような症状があるので注意しましょう。自己判断せず、医療機関で検査を受け、腸そのものに異常がないかどうか確認してから低FODMAP食事法を試した方が安心です。

**図11　過敏性腸症候群の診断基準
〔Rome Ⅲ（2016年RomeⅣ発表）〕**

なぜなら、体がやわらかい人は、腸の組織が膨張しやすい傾向にあるからです。

その他、おなかの調子がいつもすぐれないことには以下のような複数の原因が考えられています。

①遺伝《いでん》的要因

②消化管感染《かんせん》

③ストレスなどの心理的要因

④腸内細菌のバランス異常

⑤小腸内細菌異常増殖症候群（ＳＩＢＯ）

⑥食物に関連する原因

⑦乳幼児期のストレス

⑧関節の可動性

ただし、この本は、学問的におなかの調子が悪い原因を解析《かいせき》する本ではありません。

この本は⑥の食物に焦点を当て、まさにいま、おなかの症状でお悩みの方に、すぐに実践できる具体的なメソッドを提供する本です。

過敏性腸症候群についてのその他の生理学的な病態の考察や記述は最小限とし、他の本に譲ることにします。

どうしておなかが張るのか？

さて、腸を膨張させ腹痛や不快感を起こすものは三つしかありません。すなわち個体か液体か気体です。これらが腸内で過剰になると腸のサイズを増大化させ、腹部のスペースを圧迫することになり、膨満と膨張が起きます。

おならが起こるのは正常な現象です。統計的には、健康な男性は一日に一四回、健康な女性は一日に七回おならをします。人は一日二ℓほどもガスを出し、その半分は飲み込んだ空気ですが、残りは細菌による発酵の結果、大腸で発生するものです。

おなかが張る原因は、ほとんどが腸内細菌によるガスの発生なのです。ですから腸内細菌の働きをよく知り、対策を練ることでおなかの張りも解決できます。

疲れの原因は腸にあった

おなかの調子が悪い人の多くはだるさ（倦怠感《けんたいかん》）を訴えます。とくにおなかの調子がひどい時期に多いのが特徴です。

異常な疲れが、おなかがの不調からくる倦怠感の場合、腸の症状を抑える食事に替えると効果的なことが多いのです。

事実、過敏性腸症候群の人が高ＦＯＤＭＡＰ食をとった場合に倦怠感が増すことが実証されています。

原因のわからない疲れも、腸をよくする食事をとることで解消されるのです。

●腸内細菌健康法にだまされるな

●なぜ、腸内細菌健康法「難民」は生まれるのか？

世の中は、「腸内細菌ブーム」。

書店に行けば、「腸内フローラで健康に」「腸内細菌を整えてアンチエイジング」「腸を整えてやせる！」のようなうたい文句の書籍、雑誌がずらっと並んでいます。

しかし、この「腸内細菌健康法」ブームによって、かえっておなかの調子を崩している、腸内細菌健康法「難民」がいるのをご存じでしょうか？

しかも、この事実を日本の医師の九〇％が知らないのが現状です。

それは、腸の不調がまったくない人と、おなかの調子が悪い人に対する食事法や対処法はまったく逆である、ということです。

つまり、一般的な腸の健康書に書かれているような食事法をしていると、もともと腸の調子が悪い人はさらに症状が悪化してしまう可能性があるのです。

不溶性繊維と水溶性繊維

たとえば医師はおなかの調子が悪い人に、「食物繊維《せんい》をとりましょう」と指導します。

しかし、食物繊維の摂取が過敏性腸症候群の症状にどう影響するか調べたところ、食物繊維は過敏性腸症候群の症状を改善させないという結果が、科学的研究によって出されています。つまりおなかの症状は食物繊維では改善されないのです（J R Soc Promot Health. 2005 125(1): 30-4)。

それどころか、食物繊維の中には逆に悪さをするものがあるのです。

食物の中の多くの炭水化物は、消化されにくく小腸で吸収されませんが、その一例が食物繊維です。

このうち、「不溶性繊維」として知られるものは、細菌が発酵させることができませんが、もう一方の「水溶性繊維」は、細菌によって発酵させられます。

単純な糖質、たとえばオリゴ糖や糖アルコールは、難消化性であり、小腸で吸収できませんが、腸内細菌によって分解され人によっては、ガスの原因となってしまうのです。

つまり、昔から医師がおなかの調子が悪い人に指導してきた「食物繊維をもっと取りましょう」というのは、患者を治すどころか、その不快な症状の原因になっているのです。一般的な「腸の常識」では、水溶性食物繊維を腸の調子を整える価値のあるものとしていますが、おなかの不調で悩んでいる人にとっては、過発酵によりガスや腹痛・下痢の原因になるのです。

このように腸には「一般的な常識」とは異なる真実があるのです。

ではまずは、腸の健康や腸内細菌についての「一般的な常識」を整理してみましょう。

腸内細菌には、善玉菌と悪玉菌がいます。

ヒトの腸内細菌の集まり（腸内細菌叢《ちょうないさいきんそう》）の中で、もっとも数が多いものは、バクテロイデスとファーミキューテスです。この二種類が腸内細菌叢の主な構成菌種です。

そして、この中で善玉菌と定義されるものが、ビフィドバクテリウムとラクトバチラスです。

これらの善玉菌をとると、免疫力、すなわちナチュラルキラー（ＮＫ）細胞というがん細胞や細菌と戦ってくれる細胞の活性が上がることがわかっています。

そうです。前述のように小腸を強くすれば、全身の免疫力が上がるのです。

善玉菌そのものは、ストレスや緊張ですぐ下痢したり腹痛が出る病気の患者さんに効果が確認されており、下痢や腹痛が減ったり、クロストリジウムという悪玉菌が減り、ビフィドバクテリアという善玉菌が増えることが確認されています。

おなかの調子が悪い人がこのように腸によいラクトバチラスのような善玉菌そのものをサプリメントなどでとるのを「プロバイオティクス」といいます。

ビフィズス菌、ラクトバチルス、ＬＧＧ乳酸菌などを複数とることでおなかの調子が整います。腸内細菌の多様性も保たれます。

しかし、これらの善玉菌を、ヨーグルトなどの乳製品でとろうとすると問題が生じるのです。

なぜなら、ヨーグルトや牛乳などに含まれている「乳糖（ラクトース）」が吸収の悪いＦＯＤＭＡＰのＤ（二糖類）に相当するからです。

これは後でまた説明します。

さて、これとおなじく効果的な食習慣として、「多種多様のものを食べる」ということが有効だとわかってきました。

腸内細菌は、われわれが食べものとしてとった食物繊維をエサとして増えて、腸の中で生活しています。

腸内細菌の種類が減ってしまう食生活

さて、腸の「一般的な常識」について説明を続けます。

私たちの体の中に生きている腸内細菌《さいきん》の数は、なんと、ヒトの細胞の数よりも多く、まさにヒトと腸内細菌は「共生《きょうせい》」しています。

そして、この腸内細菌の種類がたくさんあるほど、腸の粘膜《ねんまく》のバリア機能がしっかり働いて免疫《めんえき》力が上がることが報告されています。

この腸内細菌の「多様性」が、腸の健康を保つ上で必要だったのです。

おなじものばかりを食べる習慣をもっている人がいます。

このような人の腸の中をのぞいてみると、腸内細菌の種類が減り、似たような数種類の細菌しか育たなくなっています。腸内細菌は私たちの食べものをエサに生きているので、おなじようなエサを食べる種類の腸内細菌ばかりが増えてしまうのです。

こういう状態を「ディスバイオーシス」と呼びます。

ディスバイオーシスの状態になった腸では、腸の粘膜のバリア機能が落ちてしまいます。

腸の細胞と細胞のあいだには、「タイト・ジャンクション」と呼ばれる結合があります。

タイト・ジャンクションで腸の細胞と細胞は手をつないでいるのです。

この結合があることで、細菌は腸の粘膜の中に侵入できないように「とおせんぼう」をしてバリアをつくっています。

しかし、腸内細菌の種類が減り、「ディスバイオーシス」になると、この手と手の結びつきが弱くなり、細菌の侵入を許すことになるのです。つまりは免疫力の低下につながります。

腸の粘膜は、常にたくさんの細菌と接していますが、腸の粘膜が正常であれば、腸の粘膜には細菌が感染して悪さをすることはありません。これは腸のバリア機能が正常に働いているからです。

また、腸の「一般的な常識」ではたくさんの種類の食べものを食べる他、発酵《はっこう》食品をたくさん食べることも重要だとしています。「味噌、キムチ、納豆などの発酵食品に含まれる乳酸《にゅうさん》菌をとることで腸の環境はさらによくなる」といいます。「発酵食品や水溶性食物繊維を食べると小腸で消化されずに大腸に届き、乳酸菌などの善玉菌がこれらを発酵・分解して短鎖脂肪酸をつくってくれる。これが『プレバイオティクス』の考え方であり、健康にいい」といいます。

短鎖脂肪酸は、ある程度までは心血管病の予防やがんの予防に重要だからです。

このようなこともあり、日本では発酵食ブームとなっているのです。

腸内細菌と乳がんの意外な関係

それだけではありません。

現在急激に増えている乳がんと、腸内細菌の多様性には深い関係があったのです。

米国内分泌学会は、腸内細菌が豊富な閉経後《へいけい》の女性はエストロゲンの代謝《たいしゃ》が亢進《こうしん》されて、乳がんリスクが低下するとの研究結果を報告しました。（The Journal of Clinical Endocrinology & Metabolism）

腸内細菌叢《ちょうないさいきんそう》を構成する腸内細菌は、消化を助けるとともに、エストロゲンの代謝にも影響します。

これまでの研究で、体内を循環するエストロゲンとその代謝物の割合が、閉経後の乳がん発症リスクと関連していることが示されています。エストロゲンが多すぎると乳がんを発症しやすいのです。この研究は閉経後の女性六〇人（年齢五五～六九歳、六～八週間前におこなったマンモグラフィーは全員正常）を対象に便と尿を採取し、便中細菌と尿中エストロゲン代謝物の相関を検討した研究です。

その結果、腸内細菌叢が多様な女性ほどエストロゲン代謝物の濃度は高く、これらの女性の乳がん発症リスクは低いことがわかりました。

研究者は「この結果は、腸内細菌叢の多様性と将来の乳がん発症リスクとの関係を示しており、理論的には食生活や薬などで変えることができる」と考えています。

すなわち、多くの種類の食べものを食べることで、腸内細菌の種類が増え、ひいては乳がんにもかかりづらくなる可能性があるのです。

他にも、腸に関係する生活習慣の注意事項として、生活のリズムの乱れが腸内細菌を乱すこともわかってきました。

また、腸内細菌は時差ぼけによって乱れ、これが血糖の乱れを起こし、肥満を悪化させることもわかってきました。

毎日の生活のリズムを意識し、腸内細菌を整えることで長寿にもつながります。

●「腸の一般的な常識」や健康法、腸内細菌健康法のまとめ

①できるだけ、多くの種類の食べものを食べる習慣を身につけよう。

②納豆、味噌などの発酵食品は善玉菌のエサとなり、健康に有用な短鎖脂肪酸をつくるのでとりましょう。

③おなじものを食べすぎると腸に負担がかかり、免疫が落ちる。

⑤腸内細菌の種類が増えると、乳がんにかかりづらくなる体質をつくることができる。

⑥規則正しい生活を送ることが腸内細菌の乱れを抑え、健康長寿にもつながる。

第二章　おなかの調子が悪い人の食生活

誰にでも当てはまるわけではない腸の健康法

●これまでが腸の調子がよい人にとっての健康法です

健康書をたくさん読んでいる方にとっては、もう耳にタコができているかもしれませんね。

「だから、アスパラガス、ネギ、豆、ゴボウなど食物繊維《せんい》をとり、納豆、キムチなどの発酵食品、オリゴ糖などの特定保健用食品（トクホ）などをとりましょう」

ただ、これを忠実に実行しているにもかかわらず、一向におなかの調子がすぐれず、失望や不信感を覚えている人がたくさんいるのはなぜでしょうか。

腸内細菌の働きとして新しく解明されてきた重要なことがあります。それは、腸内細菌は、ただ大腸の中に棲んでいるだけではなく、腸の粘膜の健康維持に欠かすことのできない代謝産物をつくっているということ。

その代表的な代謝産物が次の四つです。

腸内細菌が腸内でつくる「**乳酸**《にゅうさん》」。これは腸の粘膜の細胞のエネルギー源となって、腸の細胞が増えるのを助ける。

また、腸内細菌が腸内でつくる「**酪酸**《らくさん》」。これは短鎖《たんさ》脂肪酸で、腸の粘膜細胞のエネルギー源となるだけではなく、遺伝子発現に影響し、炎症反応の調整に重要な働きをしたり、免疫細胞が成長するのを助け、免疫力を強くする。

腸内細菌が腸内でつくる「**酢酸**《さくさん》」。これも代表的な短鎖脂肪酸のひとつで、腸の細胞を増やしたり、腸の細胞のバリア機能を高めることで、感染症を予防する。

最後に腸内細菌が腸内でつくる「**プロピオン酸**」。これも短鎖脂肪酸のひとつで、食欲のコントロールをすることがわかっており、人にプロピオン酸を服用させると食事摂取量が減少し、体重の増加を抑え、内臓脂肪量を低下させ、脂肪肝を改善させるほか、インスリンの感受性を維持し、悪玉コレステロール（ＬＤＬ）を低下させる効果がある。

このように、腸内細菌はただ腸の中で生きているだけではなく、腸の中で、乳酸、酪酸、酢酸や、プロピオン酸などのいろいろな代謝産物（短鎖脂肪酸）をつくっており、それが血液中に入り循環することで、私たちの体全体に大きな影響を与えているのです。

ただし、以上のことはおなかの症状がない人にとっては有益な健康法です。

しかし、肝心の腸のつらい症状で悩んでいる人たち、過敏性腸症候群《かびんせいちょうしょうこうぐん》の人の腸内細菌を調べてみると、意外なことが判明してきました。それは、**下痢や腹痛などの症状が強い重症な人ほど、前述した腸内細菌がつくる代謝産物（酢酸、プロピオン酸、有機酸）などが過剰なのです。**

前述のとおり、本来、腸内細菌が腸内で産生《さんせい》する乳酸やプロピオン酸などの短鎖脂肪酸は適量であれば腸の健康によい影響を及ぼすものです。しかし、過剰になれば下痢や腹痛などの症状を悪化させるということなのです。

短鎖脂肪酸は腸の症状がない人にとっては、よい効果がありますが、増やしすぎると、体によくないことが報告されています。

とくにパーキンソン病の人で酪酸を含む短鎖脂肪酸が高すぎると、パーキンソン病の症状が悪くなるのです。

ですから、ひとりひとりの腸にとって、みなが「いい」というものがすべていいわけではないこと。いいものでも、過剰になれば悪さをするものもあるということをよく心にとめておいてください。

人間はひとりひとりちがう生きものです。

人間は多様だからこそ、自分の腸そのものにあったよい食べものを、自分の腸の声に傾《けい》聴《ちょう》ならぬ「傾腸《けいちょう》」しながらじっくり探していくことが大切なのです。

ではなぜ、過敏性腸症候群の人では、代謝産物が過剰状態になってしまうのでしょうか？

最近の研究によりわかったこと。それは、過敏性腸症候群の人の腸内では、「**ラクトバ**

チラス」という細菌と「ヴァイロネラ」という細菌が過剰に増えていることです。

「ラクトバチラス」はグルコースを乳酸に代謝する細菌で、「ヴァイロネラ」は、乳酸を酢酸やプロピオン酸に分解する細菌です。

なんらかの原因によるこれらの細菌の増加が、酢酸などの代謝産物を増やし、症状を悪くしていたのです。(Neurogastroenterol. & Motil. 2010)

カプセル内視鏡が教えてくれたこと

では、なぜ、酢酸やプロピオン酸などの代謝産物(短鎖脂肪酸)が増えると問題なのでしょうか?

その答えをカプセル内視鏡が教えてくれました。

現在、医学は格段に進歩しており、いままでなかなか内視鏡で届かないで観察できなかった小腸の中が「カプセル内視鏡」というもので見ることができるようになっています。それもただ見るだけではなく、小腸や大腸の中の腸液の性質(酸性度)までわかるようになりました。

二〇一四年に英国のアダムスらは、カプセル内視鏡を使って、おなかの調子の悪い過敏性腸症候群の患者さんの小腸や大腸の中の性質を調べ、大腸の動きとの関連を調べました。

その結果、過敏性腸症候群の患者さんの腸では、健康な人とくらべると、大腸の中の酸度が高かったのです（図13）。そして、大腸の中の酸度が高い人ほど、大腸の動きが悪くなってしまうことがわかりました。酸性度が高いと大腸の筋肉は動きが悪くなり、麻痺（caecoparesis）してしまうのです（図14）。この酸の原因は、短鎖脂肪酸の増えすぎです。短鎖脂肪酸とは、ＦＯＤＭＡＰが大腸内で発酵されてできる酢酸、プロピオン酸、酪酸です。これらは「酸」ですから、増えれば大腸の中は酸性になります。

まとめると、

ＦＯＤＭＡＰの多い食べ物を食べる

↓

過敏性腸症候群の人では、おなかの調子が悪い人に多い腸内細菌である「ヴァイロネラ」などによって過剰に酢酸、プロピオン酸、酪酸などがつくられる

↓

大腸内が酸性になる

↓

大腸の筋肉の収縮が悪くなり、盲腸を含む右側の大腸が運動低下を起こし、ガスがたまり、

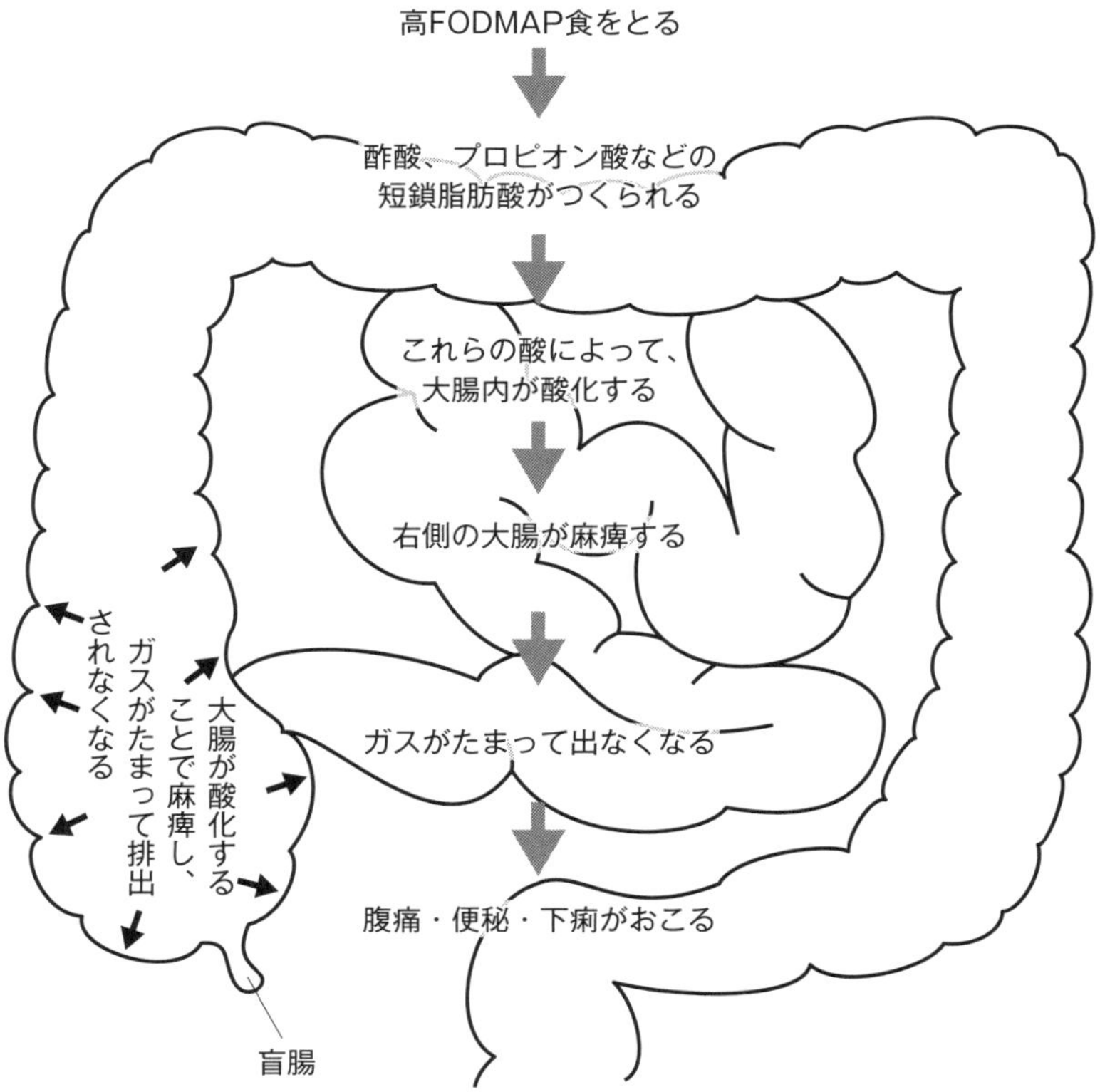

図12　高FODMAP食をとったときの大腸の異常

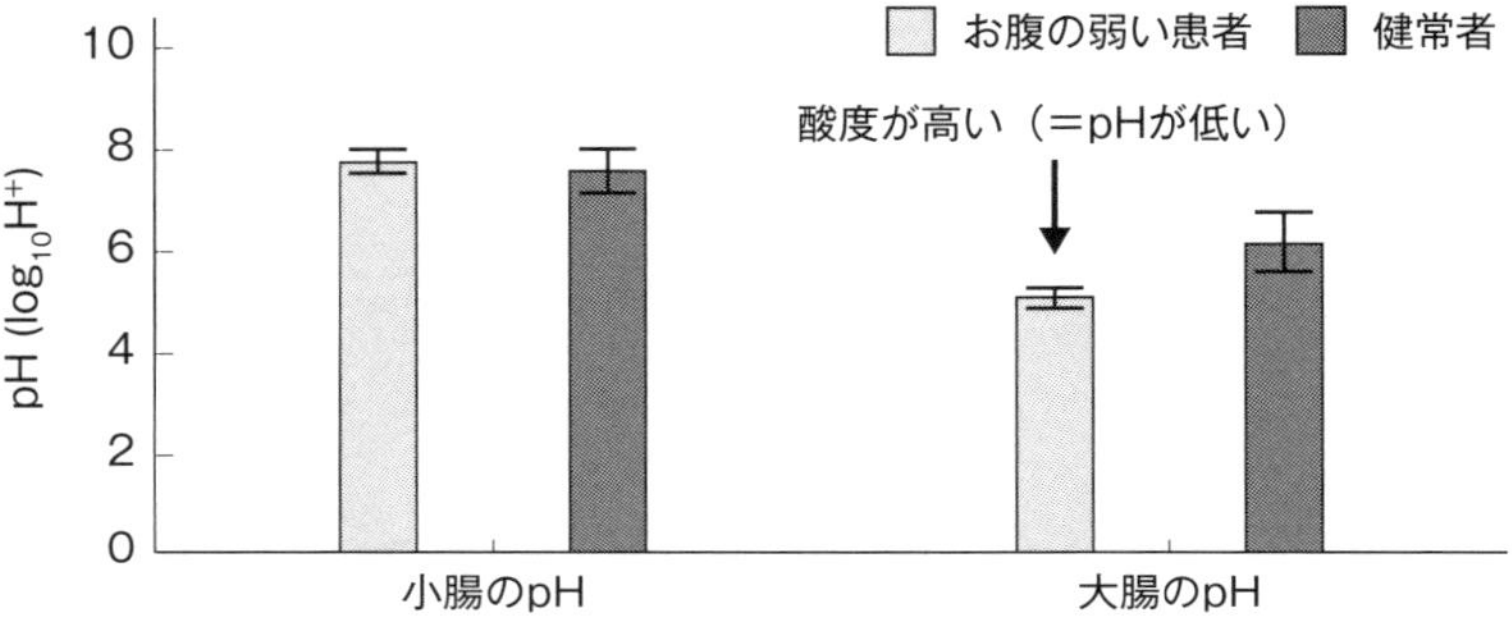

カプセル内視鏡で調査した結果、過敏性腸症候群の人は、健常者に比べて、大腸内での酸度が有意に高い（おなかの調子の悪い人は大腸内の酸性度が高い）。これは、FODMAP食を食べると、過敏性腸症候群の人は過剰に酢酸、酪酸などの短鎖脂肪酸をつくりだしてしまい、大腸が過剰に酸性になってしまうことを示している。大腸の中で水素を発生させる「ガス発生菌」はpHが低い状態（酸度が高い）状態のほうが増殖しやすいため、さらにガスの発生を増やす原因になっている可能性がある。

図13　お腹の調子が悪い人の大腸は酸性に傾いている

おなかが痛むようになる

以上のことを裏付けるように、酢酸、酪酸、プロピオン酸などの短鎖脂肪酸の濃度が高い人ほど、おなかの調子が悪いというデータが発表されているのです。

ある種の糖質を避けることで、腸の調子はよくなります。

実際、図で示すとおり、炭水化物を一日二〇gに制限すると、下痢で困っている下痢型の過敏性腸症候群の患者さんの下痢が改善し、腹痛も治まり、生活の質（QOL：Quality of Life）を示すスケールが改善していくのです（図15・図16）。

（Clin Gastroenterol Hepatol 2009）

これが真実であり、おなかのつらい症状で悩んでいる人に、「食物繊維が豊富

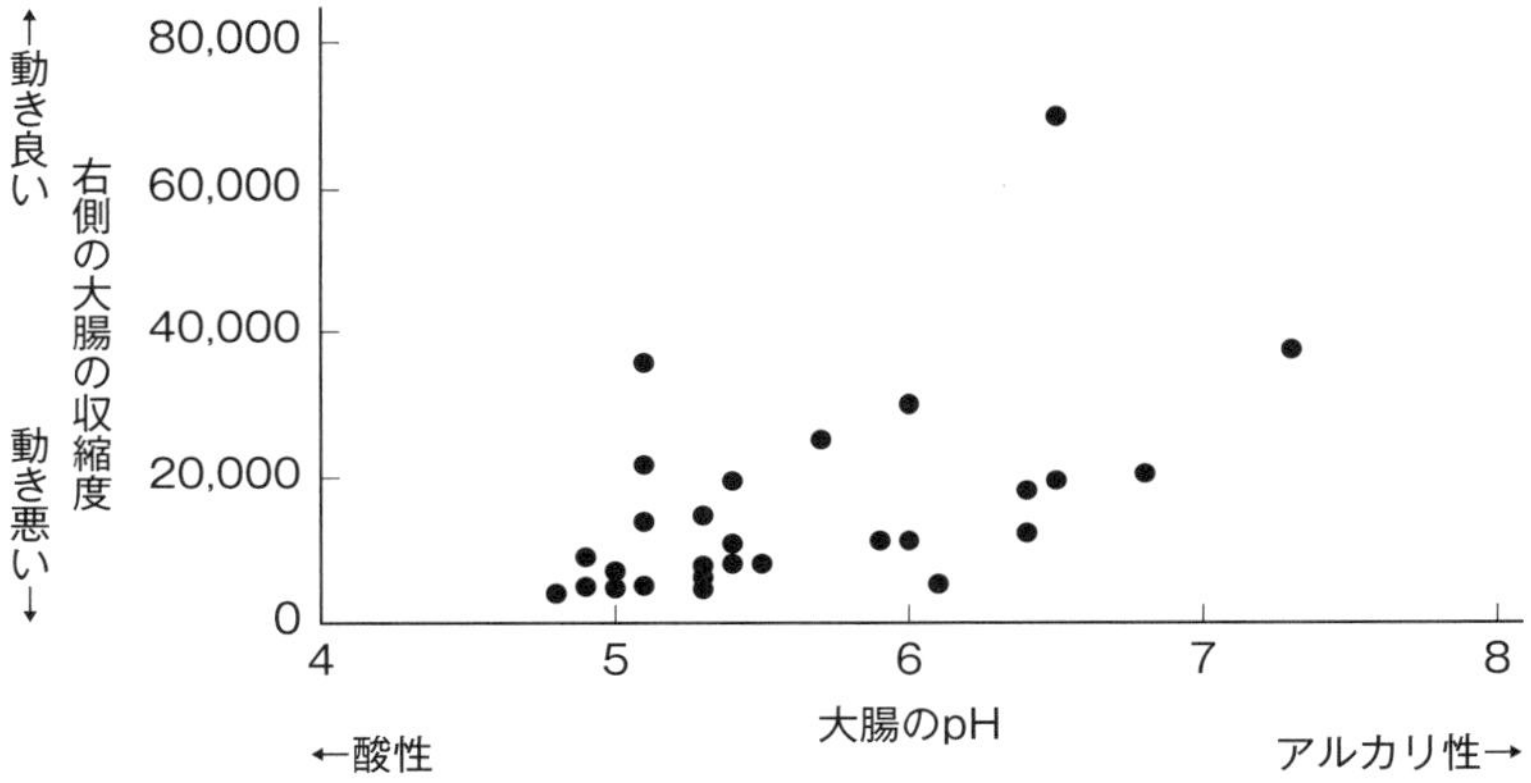

大腸内のpHが低い（酸度が高い）ほど、大腸の収縮が悪くなる。大腸内の酸度は、大腸の筋肉運動にも関係しているのだ。
右側の大腸は運動機能が悪くなり、そこにガスがたまり、お腹が痛くなる。

図14　右側の大腸は酸性になると動きが麻痺する

な炭水化物をとりましょう」という指導がかえって患者さんを苦しめていることの証拠なのです。

ふだんからおなかの症状がまったくない人と、ふだんからおなかのつらい症状で悩んでいる人では、食物繊維を含む炭水化物に対する考え方はまったく逆です。

おなかに症状がない人が炭水化物をとることは問題ありませんが、おなかの不調な人にとっては炭水化物は控えた方がいいということです。

つまり、腸の健康法の本を読んで、つらい症状を軽くしようとまじめに実行すればするほど、症状が悪化してしまう人がいるのは腸内細菌の差が原因だったのです。

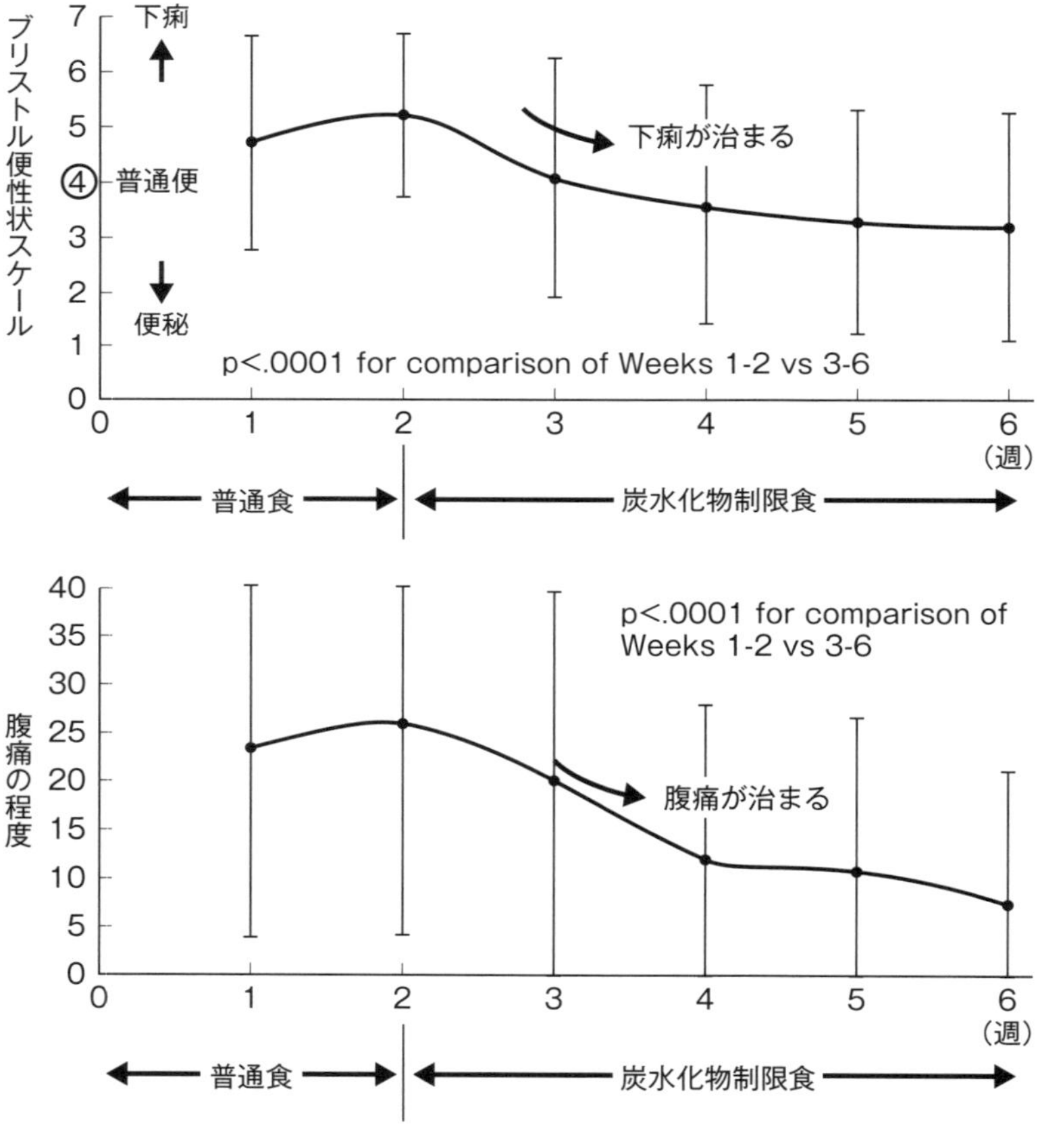

普通食（１～２週間目）を食べていたときより、炭水化物制限食（１日の炭水化物を20gに制限）を食べていたとき（３～６週間目）の方が、下痢が軽くなり便の形が正常化する（上図・ブリストル便性状スケール）。また、腹痛が軽くなる（下図）。

図15　炭水化物制限食の効果

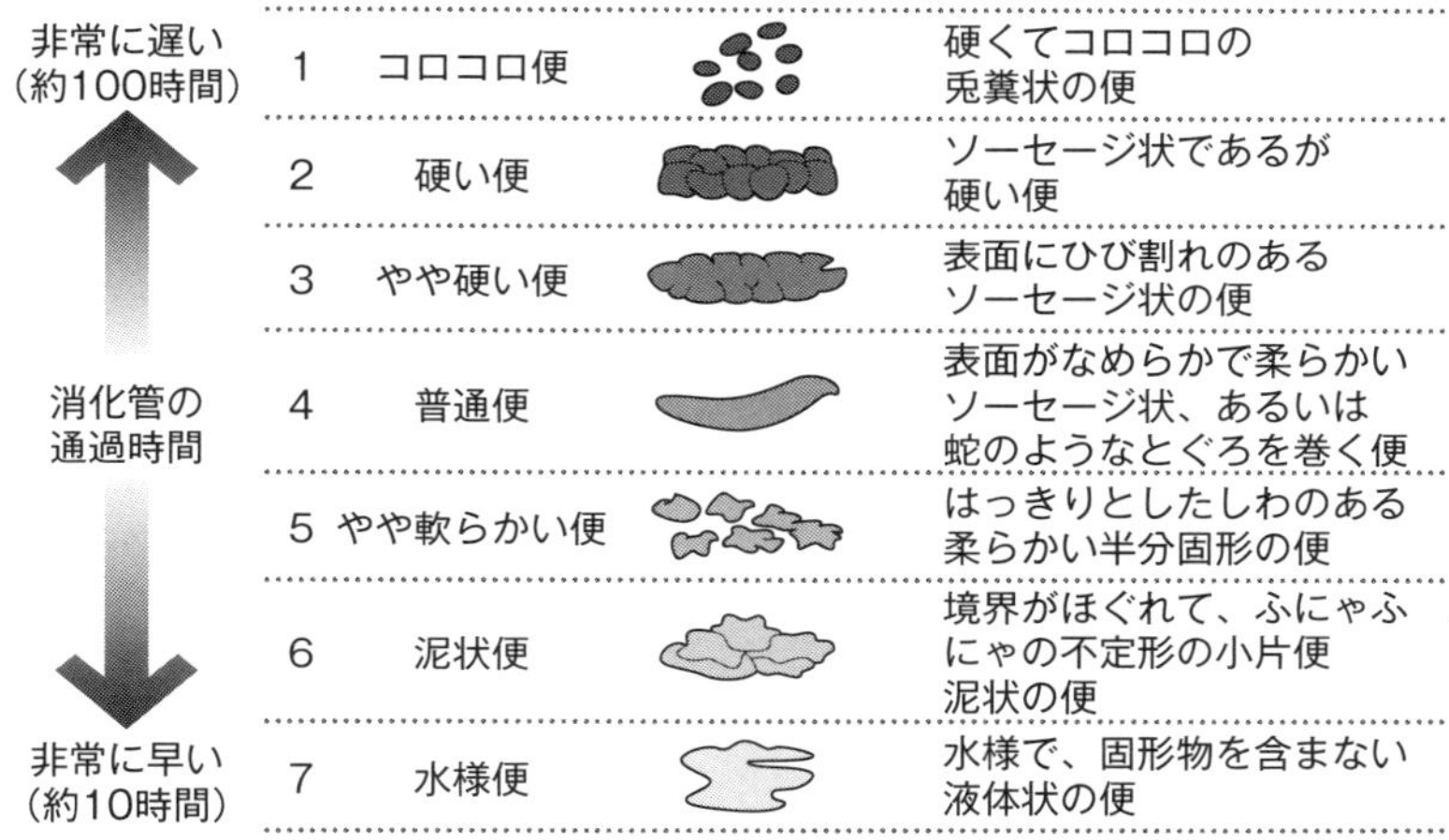

非常に遅い（約100時間）	1	コロコロ便	硬くてコロコロの兎糞状の便
	2	硬い便	ソーセージ状であるが硬い便
	3	やや硬い便	表面にひび割れのあるソーセージ状の便
消化管の通過時間	4	普通便	表面がなめらかで柔かいソーセージ状、あるいは蛇のようなとぐろを巻く便
	5	やや軟らかい便	はっきりとしたしわのある柔らかい半分固形の便
	6	泥状便	境界がほぐれて、ふにゃふにゃの不定形の小片便泥状の便
非常に早い（約10時間）	7	水様便	水様で、固形物を含まない液体状の便

ブリストルスケール（便の形状を示すもの。4が理想的な便。1～2は便秘、6～7は下痢）

図16　ブリストル便性状スケール

もともと腸内細菌はかなり多様で個人差があります。

現在、指紋でおこなわれている犯罪捜査は、将来は手についた腸内細菌によっておこなわれるだろうと言われているくらい個人個人ちがう多様なものです。

ですから、腸内細菌健康法も、十把《じっぱ》一絡《ひとから》げに論じることなどできません。この個人差を大切にしないと健康法も毒になりえるのです。

米・パスタ・そば・パンを食べる量が多い人は要注意

これまでにも、食事によっておなかの調子が悪くなることはわかっていました。患者さん自身も特定の食べものが自分に合わないと避けている人も多いのです。日本の女性過敏性腸症候群患者は、おなかの調子がよい人と比べて、果物、乳製品、緑黄色野菜、レトルト食品を控える傾向にあります。

最近の研究で米、パスタ、パンを代表とする炭水化物を食べる量が多い日本人ほど、過敏性腸症候群の症状が出やすいことがわかりました。

またその食事をとる時間も、おなかの調子が悪い人はよい人よりも不規則になることもわかっています。

胃、小腸、大腸といった消化管にとっては、「規則性」が大切なのです。胃腸の調子がよくてまったく違和感がない人は「朝食ぬきダイエット」をしようが、一日一食にしてもかまいませんが、少なくとも、胃腸の調子がよくない人がそのような食事法にすると、胃腸の動きが悪くなり、調子を崩すのです。

ただ、おなかの調子が悪い人が避けている食品が真に正しいかどうか、本当に避けるべきものなのか、これまでよくわかってはいませんでした。

よいと思って無理にでも食べていたものが意外にも、あなたの腸の調子を崩してしまうかもしれないのです。

●なぜ、「RAIZAP《ライザップ》」に通うとおなかの調子がよくなるのか?

●なぜ、「炭水化物制限ダイエット」をするとおなかの調子がよくなるのか？

昨今、「炭水化物制限ダイエット」が流行しています。

生島《いくしま》ヒロシさんなどの芸能人を起用し、短期間で減量に成功させたテレビCMで一世を風靡《ふうび》した「RAIZAP」というジム。ここでも炭水化物制限食を指導されます。

私のクリニックにも「RAIZAP」に通う患者さんがいます。よく観察してみると、ここに通う過敏性腸症候群の患者さんはおなかの症状が改善する人が多いのです。ある種の糖質を避けることで、腸の調子がよくなるからです。

FODMAPとは？

下痢、便秘、おなかのゴロゴロ、張り、痛み……。その原因のひとつが、じつは、「糖質」にあるからです。

そんな弱った腸を助けてくれるのが低FODMAP《フォドマップ》食です。過敏性腸症候群の新しい食事法としてオーストラリアのモナッシュ大学にて開発され、もっとも権威のある消化器系の医学誌「Gastroenterology」誌など、たくさんの医学論文でその有効性が証明されています。アメリカではハーバード大学、イエール大学、コロンビア大学、ペンシルベニア大学など一流大学などがその有効性を認め、ヨーロッパでは過敏性腸症候群の権威であるローマ財団が最も有効で安全だと認めています。

FODMAP《フォドマップ》とは、ある種の糖質のことです。

これらの糖質を避けた食事を三週間続けると、約七割五分の過敏性腸症候群の人で胃腸の調子が回復します。腸内細菌が産生する過剰な代謝産物も減って症状が楽になるのです。

FODMAPは次のような食品に含まれています。これらはすべて「発酵性」(Fermentable)で、

●O(Oligosaccharides):「オリゴ糖」には、ガラクトオリゴ糖(GOS)とフルクタンがあります。

ガラクトオリゴ糖(GOS)(ガラクトースの重合体=ガラクトオリゴ糖)——レンズ豆、ひよこ豆などの豆類に含まれる。

フルクタン(フルクトースの重合体)——小麦やタマネギなどに含まれる。

●D(Disaccharides):「二糖類」には乳糖があります。

乳糖(ラクトース)——高乳糖食(牛乳、ヨーグルト)に含まれる。

●M(Monosaccharides):「単糖類」にはフルクトースがあります。

フルクトース——果糖。果実、ハチミツなどに含まれる糖の一種。

●P(Polyols):「ポリオール」にはソルビトールやキシリトール、マンニトールなど、

「～オール」という名称の糖質があります。

●ポリオール（ソルビトール、キシリトール）――マッシュルームやカリフラワーなどに含まれる。他、人工甘味料やダイエット甘味料として人工的に製造されています。

食物成分の中には多くの水分を腸に送って膨張を起こさせ、腸内細菌がその成分を発酵させることで急速にガスを発生させるものがあります。

この犯人が、発酵性の、小腸で吸収されにくい短鎖炭水化物です。

いわば腸内細菌にジャンクフードを提供する、消化困難な糖質なのです。

これこそが、ＦＯＤＭＡＰです。

前述のようにこれらの「糖質」は小腸で非常に吸収されにくい特徴があります。

そうすると、前述の小腸と大腸の図を使って説明したとおりのことが起こります。

もう一回、復習してみましょう。

これらの糖質（ＦＯＤＭＡＰ）は、小腸で吸収が困難な糖質です。

このため、これらをとると小腸の中で糖質の濃度（浸透圧）が高まります。

すると、人間の腸は、濃いものを薄めようとする性質があるため、この浸透圧の高まりによって血管内から腸管内に水分が過剰に引き込まれます。

結果として、小腸内に過剰に水分が貯留《ちょりゅう》することになります。すると、これにより小腸が刺激されて運動が異常に高まり、おなかがゴロゴロしたり、下痢や痛みが出たりするのです。

FODMAPの三つの性質のまとめ

①小腸で吸収されない　FODMAPは胃から小腸に届いても吸収されず、そのまま大腸へスルーしてしまいます。分解されづらかったり、吸収が遅いためにこのようなことが起こります。FODMAPを吸収する力には個人差があります。

たとえば、ガラクトオリゴ糖（GOS）とフルクタンに関しては誰も消化できず、誰にとっても吸収が難しいものです。

フルクタンの吸収は基本的に遅く、人によっては平均よりさらに遅いことがあります。

ラクトース（乳糖）に関しては、ラクターゼ（ラクトースを分解するために必要な酵素《こうそ》）を十分につくれない人もいます。

ポリオールはもともと小腸の内膜《ないまく》をうまく通過するのに難しい形状をしています。ポリオールを吸収する能力も人によりさまざまです。

②小さな分子が濃い濃度で摂取される　小さな分子が集中したものがうまく吸収されないと、人間の体は消化管に強制的に水分を送ることでそれを薄めようとします。

消化管内の過剰な水分は下痢の原因になり、腸の筋肉の動きに影響を与えます。

③大腸内に存在する腸内細菌にとってジャンクフードとなる　大腸（および小腸の下部）には数百兆個の細菌が住んでいます。

吸収の悪い食物分子が小腸で吸収されずスルーしてくると、そのまま分子は大腸にまで達します。

そこに棲みついている細菌にとっては、このような食物の分子はジャンクフードのようなものです。

腸内細菌は、スルーしてきた食物分子をすばやく分解し、水素や二酸化炭素、メタンガスなどを発生させます。その分子がどれくらい速く発酵するかは、鎖の長さによります。オリゴ糖などの糖類は、より長い分子をもつ食物繊維、すなわち多糖類よりもずっと速く発酵します。

実際に、小腸内の水分の量や動きを医学的に解析できる「シネＭＲＩ」という検査があります。このＭＲＩで見てみると、高ＦＯＤＭＡＰ食を食べた後に小腸内の水分量が増加することが確認されています。

おなかの膨張は、過剰な液体やガスが腸に、とくに小腸の最後の九〇㎝と大腸の先端の後方の部分（盲腸～上行結腸あたりの右側の腸）に溜まることが原因であることが多いのです。

また、小腸で吸収されにくいこれらの「糖質」は大腸まで到達し、大腸内の腸内細菌と反応して異常な発酵を起こすのです。

発酵により水素ガスがたくさん生産される結果、ガスが増え、おなかの張りや便秘の引き金になります（増えるのはほとんどが水素ガスでメタンガスにはほとんど変化がない）。

さらに、異常発酵は乳酸、酢酸、プロピオン酸などの代謝産物を大量につくり出し、下痢や腹痛を招くというわけです。

低ＦＯＤＭＡＰ食事法とは、ガラクトオリゴ糖（ＧＯＳ）、フルクタン、ポリオールを食べる量を制限し、乳糖不耐症や果糖不耐症がある場合には過剰な摂取を避ける食事法です。この食事法を実践すると、**図1**のように、三週間で腹痛や下痢などの症状が驚くほどよくなるのです。食事を変えるだけでよくなるなら薬も医療費も減ります。

しかも、症状が改善するだけではなく、大腸の病理組織でもセロトニン細胞の減少が回復するなどが確認されているのです。

高FODMAP食は腸の中でなにを引き起こすか？

ＦＯＤＭＡＰを多く含んだ食べものを、実験室内で便をかき混ぜたビーカーの中に入れます。

すると、便の中にいる細菌が、食べものをたちまち発酵させます。

それがなぜわかるかというと、ＦＯＤＭＡＰが消え失せてガスが発生し、便の酸性度が高くなるためです。

高ＦＯＤＭＡＰ食がガスの発生を増やすことは、おなじ量の食物繊維とデンプンをとり、ＦＯＤＭＡＰの摂取量だけが異なる人々の呼気中の水素を測ることで証明できます。

吐いた息の中の水素は腸内の細菌がつくったガスからきており、体内で水素が発生する唯一の原因が、腸内細菌による炭水化物の発酵なのです。

健康なボランティアと過敏性腸症候群の人の呼気中の水素を測定しました。

どちらのグループも、低ＦＯＤＭＡＰ食よりも高ＦＯＤＭＡＰの食事をしたときに、水素のレベルが上がったのです。


その食事、「効果」ではなく、「副作用」です。


とはいえ、そのようなオリゴ糖のような「トクホ」やヨーグルトをとることで便秘がよくなった、どっさり便が出たじゃないか、という人もいるでしょう。

いろいろなサプリメントなどの広告で、「オリゴ糖」で便がどっさり！　という広告をよく目にしますね。

しかし、それは、「効果」ではなく、「副作用」と呼べるものかもしれません。後述するように、もともと人間は、ガラクトオリゴ糖（ＧＯＳ）やフルクタンを分解する酵素をもち合わせていません。なので、誰もガラクトオリゴ糖（ＧＯＳ）やフルクタンを分解できないのです。また、乳糖については、日本人の七割以上は成人すると乳糖を分解するラクターゼを失い、乳糖不耐症の状態になります。果糖（フルクトース）不耐症の人も多いですし、ガムの中に含まれるキシリトールなどのポリオールは分子量が大きいので誰も完全に消化できないのです。

ですから、トクホのオリゴ糖を食べれば、人間はオリゴ糖を分解できないので、小腸で吸収されずに小腸をスルーしていきます。オリゴ糖は小腸で吸収されないので、オリゴ糖の濃度が小腸内で異常に高まります。人間は濃いものを薄めようとする性質をもっているので、水分を血管内から大腸の中に引き込みオリゴ糖の濃度を薄めようとします。その結果、水びたしになった腸は下痢を起こします。

ですから、便秘の人が、オリゴ糖をとって便が出た、というのは「効果」というより「副作用」といえるものです。ヨーグルトや牛乳の中の乳糖もオリゴ糖とおなじです。ヨーグルトを食べたり、牛乳を飲んで便が出た、と喜んでいるのは、じつは副作用の現れや副作用をうまく利用していると言えるかもしれません。

ただ、そのような便通効果を「よかった」と好意的にとらえられるのは、もともとおなかの調子がいい人です。マイルドな「副作用」は軽い範囲内のものであれば、人は好意的に「効果」ととらえます。

しかし、もともとおなかの調子が悪い人は、これらの高FODMAP食をとることで、もともとつらい症状がもっと悪化してしまうのです。

高FODMAP食をとって「よかった」と思っている人はそれでいいのでしょうが（実際にはオーストラリアのモナッシュ大学のギブソン教授は、高FODMAP食がクローン病発症の引き金になっている可能性があると警鐘《けいしょう》を鳴らしています。日本古来の低FODMAP食にしていく方が、腸の負担は減るのです）、もともと過敏性腸症候群などでおなかの調子が悪くなっている人にとっては、話は別です。

「おなかに優しい」、「整腸作用がある」といったうたい文句の食品を誤ってとってしまうことで、かえっておなかの調子を崩している人たちがたくさんいるとしたらどうでしょう？

診察室で患者さんがこぼします。

「先生、僕は、世間で『おなかによい』と言われている食物繊維を含んだアスパラガス、豆、キムチ、乳製品、果物などをたくさんまじめに積極的に食べてきました。でも、食べれば食べるほどおなかがしくしく痛んで、下痢をして、本当に悩んできたんです」

「先生、私はおしゃれな服を気合いを入れて着てデートに行って、彼においしい食事をごちそうしてもらっても、その後、トイレの中でおなかにガスがたまってパンパンになったおなかをかかえて苦しんでいるんです。おなじ部屋にいても、おならがでないか心配だし、下痢やガスでトイレにこもってしまって、彼にきらわれないか心配なんです」

こういう患者さんを診察していると、なんとかしなくてはならない「義憤」のようなものが生まれます。海外では低FODMAP食がおなかの不調に効果的であることがたくさんの英文論文で伝えられているのに、日本では「情報鎖国」のようになってしまって患者さんに伝えられていない。専門家の医師ですら、正しい指導ができていない。このような現状をなんとか打開したい。そのような思いです。

このような患者さんに、一般的に「おなかにいい」と信じられている食品がじつは小腸や大腸の負担になることを説明し、低FODMAP食の指導をおこなうと、ほとんどの人は驚くほどおなかの調子がよくなります。

私はもともと消化器内科医で、毎日多くの患者さんを診ています。ですから、診療終了後にはぐったりとするのですが、それでもこの本を世の中に送り出さなくては、私が医師である意味がないと思うようになり、わずかな余暇時間を削って書いています。このような願いをみなさんも共有していただき、おなかの不調で困っているあなた、家族、お子さん、すべての人にこの食事法をを伝えていただきたいと思います。

それでは三章、四章で、おなかの調子が悪い人にとって、腸の敵となりうる四つの敵、FODMAPのそれぞれについて、具体的に説明してみましょう。

第三章　低ＦＯＤＭＡＰ食の劇的な効果

ほんとうは、糖質《とうしつ》の生化学的な分類については、あまり知る必要がありません。

しかし、分類について知っておかないと気が済まないという人のために、かんたんに説明しておきましょう。もちろん、すぐに食事療法を試したい人は、この分類の説明部分は読み飛ばしてもらってかまいません。またこれ以上の化学的な知識は必要ありません。

単糖類と二糖類とは

糖類とは単糖類と二糖類をまとめた呼び名です（図17）。

糖の最小単位であるブドウ糖や果糖などを「単糖」と呼び、これらをまとめて「単糖類」と呼びます。この「単糖」が二個くっついたショ糖や乳糖などを「二糖」と呼び、これらをまとめて「二糖類」と呼びます。さらに「単糖類」と「二糖類」をまとめて「糖類」と呼びます。ちなみに「糖類ゼロの食品」とは「糖類（単糖類、二糖類）を含まない食品」のことを言います。

オリゴ糖とは単糖が三〜一〇個つながった少糖類のこと

前述したとおり、単糖が二個つながった糖を二糖類と呼ぶのでしたね。

それに対して、二糖類と区別するために単糖が三〜一〇個程つながった糖は「オリゴ糖」と呼ばれます。オリゴ糖の語源はギリシア語の「oligo：少ない」という意味に由来し、少糖類と呼ばれることもあります。

オリゴ糖の多くは小腸で消化吸収されにくいため、砂糖に比べカロリーとしては低めに計算されます。また腸内のビフィズス菌の栄養源となるため、健康に役立つ効果もあるとして「トクホ」の指定を受けて販売されているものもあります。

多糖類とは単糖が多数つながった糖質のこと

単糖が多数つながった糖は「多糖類」と呼ばれます。

オリゴ糖は、単糖が三〜一〇個程つながったものでしたが、多糖類は単糖が数百〜数千つながったもの。

多糖類は非常に多くの単糖で構成されており、単糖とは異なる性質を示します。多糖類には、グルコマンナン、ヒアルロン酸などさまざまな種類があります。また、食物に含まれている多糖類の中で、人の消化酵素によって消化されない難消化性成分はとくに「食物繊維《せんい》」に分類されます。

ポリオール（糖アルコール）とは糖類を還元して得られる甘味料のこと

ポリオールとは糖アルコールと呼ばれるもので、糖の分子にアルコールの側鎖《そくさ》がくっついているものです。

ポリオール（糖アルコール）の多くは、糖類を還元（水素を添加）してつくられ、ガムに含まれるキシリトールなどがこれに含まれます。

まろやかな甘味が特徴で、体内で利用されにくいため、糖類よりもカロリーが低めです。また口内細菌の栄養源にならないため、虫歯になりにくいという性質があります。

「エリスリトール」は糖アルコールの中で唯一カロリーゼロで、ほとんどが体内で吸収されることなく排泄されるため、カロリーゼロの甘味料として幅広く利用されています。

糖質とは炭水化物から食物繊維を除いたもの

炭水化物が単糖類、二糖類、オリゴ糖、多糖類にわかれるお話はしましたが、多糖類の中の難消化性成分である「食物繊維」を除いたものを「糖質」と呼びます。

つまり糖質には単糖類や二糖類、オリゴ糖やポリオール（糖アルコール）などが含まれることになります。

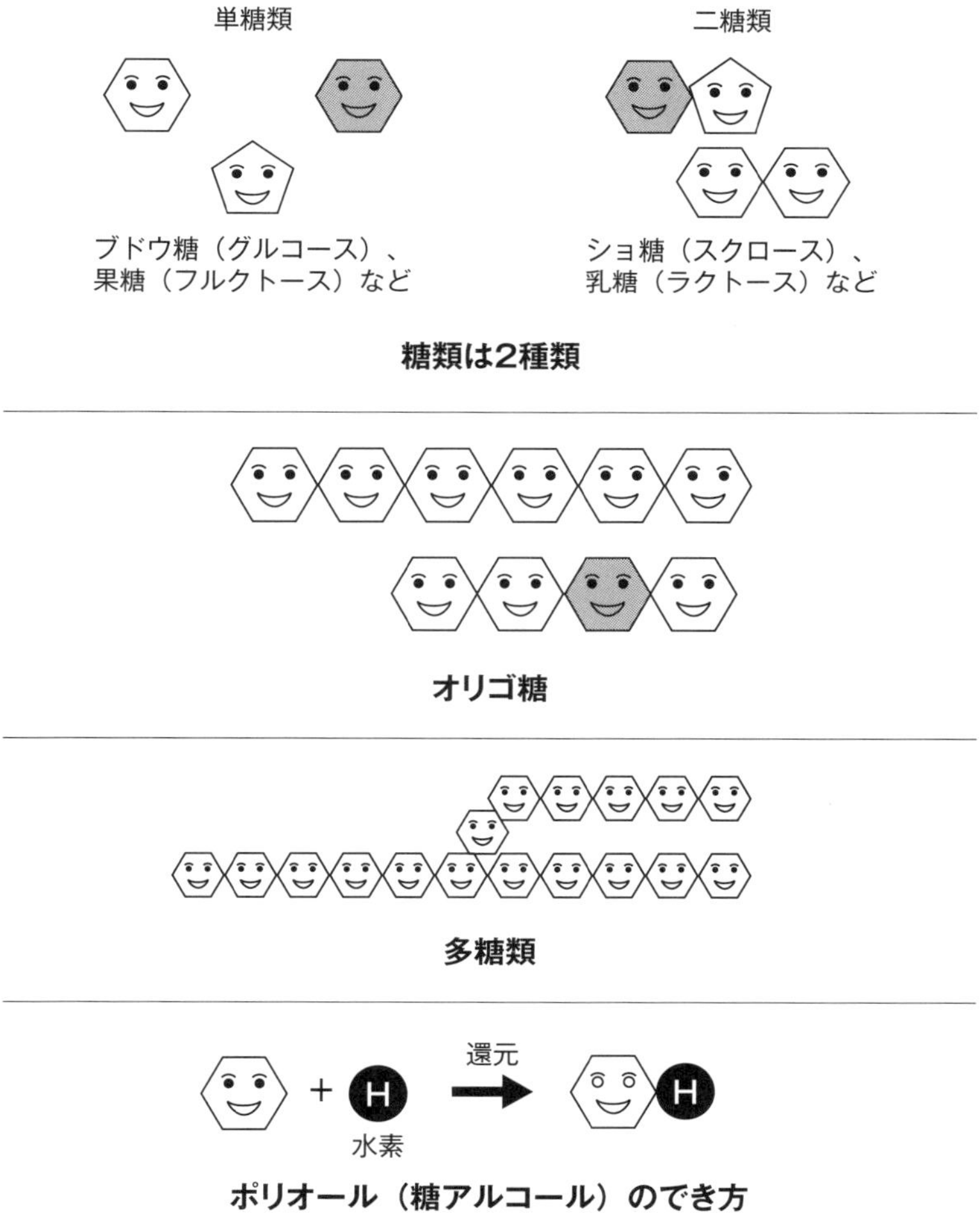

単糖類
ブドウ糖（グルコース）、
果糖（フルクトース）など
二糖類
ショ糖（スクロース）、
乳糖（ラクトース）など
糖類は2種類
オリゴ糖
多糖類
還元
水素
H
ポリオール（糖アルコール）のでき方

図17　糖質の種類

おなかの調子が悪い人が避けるべき「FODMAP」

これまで説明したことを、いったんまとめましょう。
食事に含まれる糖質は次のようにわけられます。
●単糖類――ブドウ糖（グルコース）、果糖（フルクトース）、ガラクトース
●二糖類――乳糖（ラクトース）、ショ糖、麦芽糖
●三糖類――ラフィノース［＝ガラクトオリゴ糖（GOS）］
●四糖類――アカルボース、スタキオース［＝ガラクトオリゴ糖（GOS）］
●多糖類――フルクタン（フルクトースの重合体）、ガラクタン（ガラクトースの重合体＝ガラクトオリゴ糖（GOS）、グリコーゲン、セルロース、デンプン
●ポリオール（糖アルコール：名前が「〜オール」というもの）――ソルビトール、キシリトール、マンニトール

そして、慣例的に、三糖類以上の多糖類を「オリゴ糖（少糖類）」と呼びます。

これらの糖質の中で、小腸での吸収が悪く、小腸を水びたしにし、大腸まで到達してガスのもととなる糖質＝FODMAPとは、発酵《はっこう》性の四つの糖質、つまりオリゴ糖、二糖類、単糖類、ポリオールのことです。

つまり、発酵性（Fermentable）の性質をもった、**オリゴ糖**（Oligosaccharides）（O）であるフルクタン、ガラクトオリゴ糖（ＧＯＳ）（＝ガラクタン＋ラフィノース＋スタキオース）、**二糖類**（Ｄ）である乳糖（ラクトース）、**単糖類**（Ｍ）である果糖（フルクトース）、それから、**ポリオール**（Ｐ）であるソルビトール、マンニトール、キシリトールを含む食品たちのことです。

単糖類にはフルクトース以外にもガラクトースがあります。しかし、ガラクトースは症状に大きな影響がなく、単糖類で問題となるのは、ほぼフルクトースのみです。

低ＦＯＤＭＡＰ食の、これだけの有効性

二〇〇六年にはじめてオーストラリアの研究者、スー・シェパードらによっておこなわれた研究が発表されました。

これによると、六二人の過敏性《かびんせい》腸《ちょう》症候群《しょうこうぐん》患者に低ＦＯＤＭＡＰ食（フルクタンとフルクトースの制限）を実施してもらったところ、なんと八五％の症状が改善したのです。

その後も後ろ向き研究や対照設定のない二つの前向き研究がおこなわれましたが、過敏性腸症候群の症状を低ＦＯＤＭＡＰ食がかなり改善することが示されています。

他の研究においても、低ＦＯＤＭＡＰ食を指導して六週間継続すると、指導前と比べて

統計学的に有意差をもって過敏性腸症候群の症状の改善がみられました。

二〇一四年には、非盲検《もうけん》試験ではなく、より科学的な評価に値するランダム化比較試験がおこなわれました。このオーストラリアでおこなわれた研究は権威の高い前掲の医学誌「Gastroenterology」に報告されています。

この研究では、過敏性腸症候群の患者を（1）三週間にわたって低ＦＯＤＭＡＰ食を食べたグループと、（2）通常食を食べたグループにわけ、ランダム化比較試験をおこなったところ、（1）のグループの七〇％のつらいおなかの症状が大きく改善したのです。

第四章　低FODMAP食と高FODMAP食

注目の低FODMAP食とは？

日ごろから胃腸の具合が悪い人は高FODMAP《フォドマップ》食を控え、代わりに低FODMAP食をとることがすすめられます。

では、前に説明した、オリゴ糖、ラクトース（二糖類）、フルクトース（単糖類）、ポリオールは、どんな食べものに存在し、どんな食べものに含まれないのでしょうか。

代表的な低FODMAP食を表に挙げました。

衝撃の真実「健康常識とはまったく逆だった！」おなかの「新常識」

おなかによいといわれている**ヨーグルト**や**牛乳**には乳糖が含まれます。一般的な腸の常識とは逆で、過敏性腸症候群《かびんせいちょうしょうこうぐん》の人は一度に食べる量を減らす必要があります。じつは食べすぎには要注意なのです。

大麦、**小麦**、**大豆**、**アスパラガス**、**ゴボウ**などにはオリゴ糖が豊富に含まれています。オリゴ糖は、腸の健康によい影響を与えるとして「トクホ」に認定されていますが、ふだんからおなかの調子が悪い人にとってはトクホが逆効果になる人もいるのです。

納豆や**キムチ**など発酵《はっこう》食品も大腸内で発酵を促進するため、過敏性腸症候群の人は控え

穀物

NG! 高FODMAP

- □ 大麦
- □ 小麦
- □ ライ麦
- □ パン（大麦、小麦、ライ麦）
- □ ラーメン（小麦）
- □ パスタ
- □ うどん
- □ そうめん
- □ クスクス（小麦）
- □ とうもろこし
- □ ピザ
- □ お好み焼き
- □ たこ焼き
- □ シリアル（大麦、小麦、オリゴ糖、ドライフルーツ、ハチミツを含むもの）
- □ ケーキ
- □ パイ
- □ パンケーキ
- □ 焼き菓子

など

OK 低FODMAP

- □ 米　玄米
- □ 米粉類
- □ そば（10割）
- □ グルテンフリーの食品
- □ オート麦
- □ シリアル（米、オート麦）
- □ タコス
- □ スターチ
- □ コーンスターチ
- □ ポップコーン
- □ タピオカ
- □ ポテトチップス（少量）
- □ オートミール
- □ コーンミール
- □ こんにゃくめん
- □ ビーフン
- □ フォー

など

野菜・いも

NG! 高FODMAP

- □ アスパラガス
- □ 豆類（大豆、さやえんどう、ひよこ豆、レンズ豆、あずき）
- □ 納豆
- □ ゴーヤ
- □ ねぎ
- □ タマネギ
- □ にんにく
- □ にら
- □ カリフラワー
- □ ゴボウ
- □ セロリ
- □ キムチ
- □ フライドポテト
- □ きくいも
- □ さつまいも
- □ マッシュルーム
- □ らっきょう
- □ ちりめんキャベツ（サボイキャベツ）
- □ たろいも

など

OK 低FODMAP

- □ なす
- □ トマト、ミニトマト
- □ ブロッコリー
- □ にんじん
- □ ピーマン
- □ とうがらし
- □ ほうれん草
- □ かぼちゃ
- □ きゅうり
- □ じゃがいも
- □ しょうが
- □ オクラ
- □ レタス
- □ たけのこ
- □ もやし
- □ チンゲン菜
- □ 白菜
- □ かぶ
- □ キャベツ
- □ ヤム芋
- □ ズッキーニ
- □ パセリ
- □ ラディッシュ
- □ オリーブ
- □ パクチー　など

図18　高・低FODMAP食品一覧表

調味料・その他

NG! 高FODMAP

- □ハチミツ
- □オリゴ糖
- □コーンシロップ（果糖ブドウ糖液糖としてジュースに入っている）
- □ソルビトール、キシリトールなどの甘味料
- □アップルソース
- □トマトケチャップ
- □カスタード
- □バーベキューソース
- □カレーソース
- □ブイヨン
- □缶詰のフルーツ
- □固形スープの素
- □絹ごし豆腐
- □バルサミコ酢
- □豆乳（大豆由来）

など

OK 低FODMAP

- □マヨネーズ（小さじ3まで）
- □オリーブオイル
- □酢
- □缶詰のトマト
- □ココア
- □ココナッツオイル
- □ココナッツクリーム
- □ココナッツミルク
- □ココナッツウォーター
- □魚油
- □キャノーラ油
- □オイスターソース
- □ウスターソース
- □マーマレード
- □ピーナッツバター
- □酵母
- □普通の豆腐
- □メープルシロップ
- □豆乳（大豆抽出物由来）
- □味噌

など

乳製品など

NG! 高FODMAP

- □牛乳
- □乳糖を含む乳製品全般
- □ヨーグルト
- □アイスクリーム
- □クリーム類全般
- □ラッシー
- □ミルクチョコレート
- □ホエイチーズ
- □プロセスチーズ
- □カッテージチーズ
- □ブルーチーズ
- □クリームチーズ
- □プリン
- □コンデンスミルク

など

OK 低FODMAP

- □バター
- □マーガリン（牛乳を含まないもの）
- □ラクトフリー（乳糖が入っていない）製品
- □アーモンドミルク
- □ブリーチーズ
- □バターチーズ
- □カマンベールチーズ
- □チェダーチーズ
- □ゴルゴンゾーラチーズ
- □モッツァレラチーズ
- □パルメザンチーズ

など

注：硬めのチーズは低FODMAPであることが多い。乳糖が多いチーズを避けるとよい。

フルーツ

NG! 高FODMAP

- □りんご
- □すいか
- □あんず
- □もも
- □なし
- □グレープフルーツ
- □アボカド
- □ライチ
- □柿
- □西洋なし
- □パパイヤ
- □さくらんぼ
- □干しぶどう
- □プルーン
- □ざくろ
- □ブラックベリー
- □いちじく
- □グアバ
- □すもも
- □プラム
- □マンゴー
- □これらを含んだジュース
- □ドライフルーツ

など

OK 低FODMAP

- □バナナ
- □いちご
- □ココナッツ
- □ぶどう
- □メロン
- □キウイ
- □オレンジ
- □みかん
- □レモン
- □キンカン
- □パイナップル
- □ザボン
- □ライム
- □ラズベリー
- □ブルーベリー
- □クランベリー
- □スターフルーツ
- □ドリアン
- □ドラゴンフルーツ

など

飲み物

NG! 高FODMAP

- □ アップルジュース
- □ マンゴージュース
- □ オレンジジュース
- □ 梨ジュース
- □ フルーツジュース※
- □ レモネード(加糖)
- □ ウーロン茶
- □ ハーブティー(強いもの)
- □ 麦芽コーヒー
- □ シリアルコーヒー(穀物飲料)
- □ チャイ
- □ カモミールティー
- □ ハチミツ入りジュース
- □ エナジードリンク
- □ マルチビタミンジュース
- □ ポートワイン
- □ ラム
- □ シェリー
- □ 甘いワイン
- □ 甘いスパークリングワイン
- □ りんご酒

など

OK 低FODMAP

- □ 紅茶
- □ コーヒー(ストレートコーヒー)
- □ 緑茶
- □ レモンジュース
- □ ライムジュース
- □ クランベリージュース
- □ ビール
- □ ジン
- □ ウオッカ
- □ ウイスキー
- □ 甘くないワイン
- □ 甘くないスパークリングワイン
- □ タピオカティー
- □ ペパーミントティー
- □ チャイ(薄いもの)
- □ レモネード(無糖)
- □ 水、ミネラルウォーター
- □ 白茶(ホワイトティー・中国茶)
- □ 日本酒

など

※高FODMAPフルーツのジュースを指す。ただし、低FODMAPフルーツのジュースの中でも「果糖ブドウ糖液糖」「高果糖液糖」という甘味料が添加されたものは高FODMAP。

肉・魚・卵・ナッツ・スパイス

NG! 高FODMAP

- □ 缶詰の魚
- □ ソーセージ
- □ カシューナッツ
- □ ピスタチオ
- □ アーモンド(20粒以上)
- □ あずき
- □ わさび
- □ あんこ
- □ きな粉

など

OK 低FODMAP

- □ ベーコン
- □ ハム
- □ 豚肉
- □ 牛肉(赤身)
- □ 鶏肉
- □ 羊肉
- □ 魚介類(エビ・サーモン)
- □ 卵
- □ 七面鳥
- □ アーモンド(10粒以下)
- □ ヘーゼルナッツ
- □ くるみ
- □ ピーナッツ
- □ 栗
- □ 松の実
- □ かぼちゃの種
- □ ミント
- □ バジル
- □ カレー粉
- □ チリパウダー
- □ パプリカパウダー
- □ 唐辛子

など

出典:Monash University
※高FODMAP食品のすべてが過敏性腸症候群の人に合わないのではなく、合わない食品は体質によって異なります。低FODMAP食事法を試して判断しましょう。

た方がよいのです。ただし、味噌や醤油は精製の過程で低ＦＯＤＭＡＰ食となります。
フルクタン、ガラクタンなどのオリゴ糖類を含む**小麦**、**タマネギ**、**レンズ豆**、**ひよこ豆**を控えること。とくにタマネギを控えることが重要です。タマネギは過敏性腸症候群の症状のトリガーとなるからです。

豆類はおなかの調子が悪い人にはすすめられませんが、**豆腐**は精製の過程で低ＦＯＤＭＡＰ食となりますので問題ありません（ただし絹ごし豆腐はガラクトオリゴ糖（ＧＯＳ）というオリゴ糖が多いので避けるべきです）。

甘味料として使われるソルビトール、キシリトールなどのポリオール類が使われている食品を避けます。**キシリトールガム**でおなかがゆるくなるのは、キシリトールが非常に小腸で吸収が悪いからです。

低ＦＯＤＭＡＰ食とは、このようなＦＯＤＭＡＰを多く含んだ食事を控える食事法です。つまり、高乳糖食の**ヨーグルト**や**牛乳**を一度にとる量を控えます。

果糖をたくさん含んだ**ハチミツ**、**りんご**や**もも**などの果物の摂取量を減らします。

こうした食事を心がければ、過敏性腸症候群を含むおなかの不調な人の腸の調子は回復するのです。

オーストラリアや米国などで推奨《すいしょう》されている低ＦＯＤＭＡＰ食事法は、まず、三週間は高ＦＯＤＭＡＰ食をすべて避けます。

その後、食事日誌をつけながら徐々に高ＦＯＤＭＡＰ食の摂取をひとつずつ再開していき、その過程で原因食品を特定していきます。

厳密に実践するのは難しいかもしれませんが、研究では、意識して高ＦＯＤＭＡＰ食の摂取量を減らすだけでも、症状が改善することがわかっています。

また、必要な栄養素は代替食ですべてとることができます。

低ＦＯＤＭＡＰ食は、糖尿《とうにょう》病患者にも適しており、潰瘍《かいよう》性大腸炎やクローン病などの腸の病気（炎症性腸疾患《しっかん》〈ＩＢＤ〉）の人の症状を軽くするという論文も多くでています。

なぜなら、ＩＢＤをもつ人は一般の人よりも乳糖とフルクトースの吸収不良をもっている率が高いことが研究からわかっているからです。

前述したとおり、日本の医師はほとんどこの食事法を知らず、患者にも指導されていません。米国では栄養士が指導しているのにもかかわらずです。ぜひ、おなかの調子にお悩みの人は、試してみてください。

ただ、低ＦＯＤＭＡＰ食事法は、あくまでも胃腸の調子が悪い人に向けたもの。まったく問題ない健康な人が実践すると、かえって有用な腸内細菌《さいきん》の代謝《たいしゃ》産物を減らしてしまうこともあります。しかし、ふだんから、腸の不調に悩んでいる人はまさに試してみる価値があります。過敏性腸症候群の症状を苦に自殺する人までいるのですから。
こうした事実を知るだけで、命すら救われる人はたくさんいるのです。

小腸にとって脅威となる「四つの敵」とは?

❶一つ目の敵●オリゴ糖——オリゴ糖の中でおなかの問題となるものは、「フルクタン」と「ガラクトオリゴ糖(GOS)」です。

●フルクタン——果糖(フルクトース)分子がたくさん結合した重合体であるフルクタンは、日常生活でふだんからよく口にしている**タマネギ**や**小麦**などの食品に含まれています。

●ガラクトオリゴ糖(GOS)——ガラクトース分子がたくさん結合した重合体であるガラクタンは、ひよこ豆、レンズ豆などの豆類に多く含まれています。

●いい顔——腸の調子がいい人の善玉菌のエサになってくれる。
フルクタンとガラクタンは、小腸において吸収が悪いために、「プレバイオティクス」として働きます。

つまり、小腸で吸収が悪いために、大腸にまで達し、腸内細菌によって発酵し、ガスと酪酸《らくさん》をはじめとする短鎖《たんさ》脂肪酸に分解されます。

この短鎖脂肪酸は、おなかの調子がふつうで無症状な人にとっては、前述のとおり腸の健康を保つためによいものとして働きます。

●弱い者いじめの顔――腸の調子がよくない人では、ガス発生のもとになり、下痢《げり》、腹痛などの原因になる。

おなかの調子が悪い人にとっては、この酪酸をはじめとする短鎖脂肪酸は、おなかの調子を崩すもとになります。

この短鎖脂肪酸の量が多い人ほど、腹痛や下痢などの症状が強いことがわかってきたのです。つまり、おなかの調子がよい人にとっては腸の健康によいものでも、おなかの調子が悪い人にとっては害として働くものなのです。

食物にもっとも多く含まれるガラクトオリゴ糖は、ラフィノースとスタキオースとガラクタンです。これは多くのマメ科植物、各種豆類やレンズ豆、ひよこ豆、ゴボウ、サトイモに含まれます。

後述するフルクタンとおなじで、ガラクトオリゴ糖を分解・吸収できる人はいません。過敏性腸症候群がある人は避けるべきです。

納豆は発酵食品なので、腸にいいからと食べている人もいますが、納豆は豆からできており、大腸の中でも発酵をすすめてしまうので、避けるべきです。

発酵食品では、**キムチ**も同様です。キムチの中のにんにくはオリゴ糖（フルクタン）を含んでいますので、避けるべきです。

対して、**味噌**はおなじ発酵食品ですが、精製の過程で低ＦＯＤＭＡＰ食になっていますので問題ありません。

また、**豆腐**は、豆からつくられますが、精製の過程で低ＦＯＤＭＡＰ食となりますので問題ありません。豆乳（大豆由来）は高ＦＯＤＭＡＰですが、大豆抽出物（Soy Protein）からつくられた豆乳は飲んでも大丈夫です。

フルクタンはフルクトース分子の鎖の末端にグルコース分子をもつもの。

フルクタンを含んでいる食品は、小麦食品（**パン**、**ラーメン**、**パスタ**、**シリアル**など）や**タマネギ**などの野菜です。

ほかのフルクタン源として、フラクトオリゴ糖（オリゴフルクトース、ＦＯＳなどとも呼ばれる）とイヌリンがあり、これらは、善玉菌による発酵を促すためヨーグルトや牛乳にプレバイオティクスとして添加されています。

人間は誰もフルクタンを消化できません。

したがって、もしおなかの調子がすぐれないなら、できるだけフルクタンをとらないようにすべきです。食事中のフルクタンのほとんどは小麦由来のものです。フルクタンは過敏性腸症候群を引き起こすＦＯＤＭＡＰの中でもっとも原因となることが多いものです。

●避けた方がよい高フルクタンの食品

果物――**柿、すいか、白桃、ネクタリン**

野菜――**にんにく、タマネギ**

穀物――**パン、シリアル、ラーメン**などの麺類、**クラッカー**（ライスクラッカーはＯＫ）、**クスクス**

豆類――**ひよこ豆、レンズ豆**

ナッツ――**ピスタチオ、カシューナッツ**

他――**小麦ブラン、イヌリン（加工食品）、フラクトオリゴ糖**

●適している低フルクタンの食品

果物――**右以外の果物**

野菜――**ブロッコリー、タケノコ、ピーマン、もやし、にんじん、じゃがいも、かぼちゃ**

穀物――米（ただし、ごはんも冷えるとレジスタントスターチという難消化性でんぷんを生じ、大腸内で発酵するためおなかの調子が悪い人は冷やさずに食べること）

❷二つ目の敵●二糖類（ラクトース）――二糖類の代表が乳糖です。腸を整えると考えられているヨーグルト、牛乳など乳製品に含まれています。

●いい顔――乳糖は腸の調子がよい人にとっては、抗メタボ作用があります。

牛乳を飲むと、太るのではないかというイメージがあると思います。

実際のところはどうなのでしょうか。

じつは、牛乳と体脂肪の間には意外な関係があったのです。

最近の研究でわかったことは、「太っている人ほど乳製品の摂取量が少ない」ということです。(International Journal of Obesity 2005)

適正な体重を得るために牛乳が役立っているのです。

牛乳に含まれる「乳糖」にいい効果があるのではないかと検討されました。

その結果、「高脂肪食に乳糖を加えると、内臓脂肪の上昇が抑えられている」ことが腹部CTを使った検討にてわかっています。(Obesity 2007)

すなわち、「牛乳の中の乳糖は抗肥満作用がある」「牛乳の中の乳糖は内臓脂肪を減らす」ということがわかったのです。

牛乳、乳製品の摂取《せっしゅ》状況とメタボリックシンドロームとの関連は統計で証明されており、特に女性において、腹囲、血圧、中性脂肪、ＨＤＬ（善玉）コレステロールは、牛乳を飲んでいる人のほうが、すべていいのです。

データでは、一日コップ二杯の牛乳（四〇〇g）を六カ月間（二四週）飲むと、過体重がなければ、牛乳だけで血圧が下がります。

また、一日三〇〇mg以上もカルシウム摂取量が増えました（三〇〇mg→六五〇mgまでアップ）。

さらに、もともと運動量の多い人や適正体重者は、さらに血圧が下がる効果があり、牛乳や乳製品は、食生活、運動習慣の後押し効果があることもわかっています。

この乳製品のどんな成分がこのような抗肥満効果、抗メタボ効果をもたらしているのかはまだ未知の部分もありますが、カルシウムやペプチド成分、生活習慣の変容をもたらすなどの効果がその原因として考えられています。

●弱い者いじめの顔――おなかの調子がよくない人にとっては、下痢、ガスのもと、腹痛の原因になる。

日本人の七割の人は乳糖分解酵素の働きが悪い

日本人の多くは、乳糖を分解する酵素《こうそ》がうまく働いていないことがわかっています。なんと七割の人は乳糖分解酵素の働きが悪いのです。(Clin Gastroenterol & Hepatol 2013)

乳糖不耐症は、小腸で乳糖の吸収不良を起こし、下痢を起こします。

●乳糖(ラクトース)——高乳糖食(**牛乳、ヨーグルト**)に含まれる。

食品に含まれ、おなかの調子を崩す可能性のあるFODMAPに含まれる二糖類は、乳糖(ラクトース)のみです。

乳糖はすべての動物、牛や羊、ヤギの乳に含まれている二糖類です。グルコース(ブドウ糖)とガラクトースという消化可能な糖ふたつで構成されており、小腸でラクターゼという酵素により成分の糖に分解されます。

乳糖不耐症の人はもともと体にもっているラクターゼのレベルが低いため、食べた乳糖のうち少ししか分解することができません。

このような人は、低FODMAP食を避ける中で乳糖を一度にとる量を控えるといい効果が得られます。

ただし、乳糖の摂取を減らすだけでは、おなかの症状を楽にする効果はあまり期待できません。

他のＦＯＤＭＡＰを減らさずに乳糖だけを制限してもいい効果は得られないことが多いのです。

なぜなら、ラクターゼが欠乏している乳糖不耐症の人でも、ほとんどの場合、少量のラクターゼ酵素をつくっているものなので、乳糖を完全に排除するには及ばないのです。ただし、一度にたくさんの乳糖をとることは控えるようにすることをおすすめいたします。

乳糖は、**ヨーグルト、アイスクリーム、プリン、柔らかいチーズ類**（カッテージ、クリーム、リコッタ）などに含まれます。

ただし、**硬い、熟成したチーズ**（カマンベールやブルー、モッツァレラ、パルメザン、チェダー）とバターは乳糖を含みません。

乳糖不耐症がある人でも一食四ｇまでの乳糖は食べても問題がないことが多いとされています。

なので、マーガリンやバターを塗ったり、少量のミルクチョコレートやケーキは問題ないことも多いですが、牛乳を一杯（一二ｇの乳糖）飲むと症状が起こる可能性があります。

ラクターゼ欠乏の人は、自分がどの食品にどれくらい敏感かを知り、乳糖を含む食品を制限するのがよいでしょう。そのためにも、食事日誌をつけることが大切です。すすめられるものは、ラクトースフリーの食品です。「アカディ」(雪印メグミルク)は八〇%の乳糖が分解されています。低脂肪乳大豆そのものではなく、大豆抽出物から作られた豆乳は大丈夫。チーズなら硬いものを選びましょう。

●避けた方がよい高乳糖の食品

ミルク、アイスクリーム、ヨーグルト、柔らかいチーズ

●適している低乳糖の食品

豆乳(大豆抽出物)、ラクトフリー(無乳糖)の全乳、スキムミルク、米、アーモンド、キヌアのミルク、豆乳またはアーモンドのアイスクリーム、ラクトフリーのクリーム、アーモンドか豆乳、ライスミルクのヨーグルト(イヌリンを含んでいないもの)、ラクトフリーのヨーグルト、ハードなチーズ、熟成チーズ(ブリー、チェダー、ゴルゴンゾーラ、ゴーダ、モッツアレラ、パルメザン、ラクレット、スイス)

四割の人が果糖不耐症

果糖不耐症も、乳糖不耐症と同様に、小腸での果糖の吸収不良により下痢などの消化器症状の原因になることがあります。

水素呼気試験によって、一般人の四割が果糖不耐症ということがわかっています。(Aliment Pharmacol Ther 2009)

食物不耐症は腸の膨張を誘導し、それにより腸の症状を引き起こすものとしてきわめて一般的ですが、「はじめに」でも述べたように、頭痛や倦怠感《けんたい》などほかの症状も起こすことがあります。原因不明のだるさなどがある場合には食物不耐症も考慮《こうりょ》に入れるべきです。

❸三つ目の敵●フルクトース——果糖。果実、ハチミツなどに含まれる糖の一種。

単糖類の中で、ＦＯＤＭＡＰとしてふるまう可能性のあるものはフルクトースのみです。すべての果物、ハチミツ、高フルクトースのコーンシロップに含まれます（ジュースなどにはコーンシロップとして添加されていることが多い）。

また、ふつうの砂糖、スクロース、ショ糖などのテーブルシュガーの成分のひとつであり、野菜の一部や穀物などにも含まれます。

フルクトースはグルコースといっしょのときにはうまく吸収されます。グルコースに便乗するかたちでともに腸の内膜《ないまく》を通過するためです。

しかし、もしフルクトースがグルコースの濃度よりも高くなると、吸収が遅くなってしまうのです。このフルクトースの吸収不良は、ほぼ三人にひとりに見られます。フルクトースの吸収不良があっても、完全にフルクトース（あるいは果物）を食べないようにする必要はありません。フルクトースは食べる絶対量だけではなく、グルコースの量との差が大切なのです。

食品の中のフルクトースがグルコース（ブドウ糖）とバランスがとれている限り、つまりグルコースがフルクトースよりも多ければ、過敏性腸症候群の症状を起こしません。過敏性腸症候群の人にとっては、食品一食あたりフルクトースがグルコースより〇・二g多い食品・飲料は、ふつうの場合症状は起こしません。

つまり、フルクトース−グルコース＜〇・二gの食品なら大丈夫です。

ハチミツ一〇〇g中のフルクトース量　四〇g、グルコース量　三〇g。四〇引く三〇＝一〇g（問題あり）

マンゴー一〇〇g中のフルクトース量　二g、グルコース量一・五g。二引く一・五＝〇・五g（問題あり）

キウイ一〇〇g中のフルクトース量四g、グルコース量四g。四引く四＝〇g（適している）

食べても大丈夫な果物の摂取量の例

●**バナナ**一本か**オレンジ**一個

●**キウイ**か**みかん**二個

●**メロン、パイナップル**の小片ひとつ

●適した果汁一〇〇％のフルーツジュース（**オレンジはＯＫ、りんごや梨、ももはＮＧ**）を三分の一から二分の一カップ（八〇～一二〇㎖）

●ベリー類やブドウ小さめの一握り

●トマトペーストか果物ベースのソース、無糖か適した甘味料入りの大さじ三杯

フルクトースが過剰な食品の代表が果物です。

ただし、いくらグルコースとフルクトースのバランスが保たれていても、あまりにもフルクトースを大量にとってしまうと、腸の負担になってしまうことがあります。

このため、フルクトースとグルコースのバランスがとれた果物を選ぶだけではなく、一度に食べる量を制限することが必要なのです。

果物の量はトータルで、ふつうサイズのオレンジ程度にすることが大切です。

一日のうちに何度か果物を食べてもいいですが、間隔をあけるべきです。

具体的には二時間あけるようにしましょう。

●避けた方がよい高フルクトースの食品

果物――りんご、梨、サクランボ、いちじく、マンゴ、洋梨、すいか

野菜――アスパラガス、アーティチョーク

甘味料と調味料――高フルクトースのコーンシロップ、ハチミツ、果糖ブドウ糖液糖、高果糖液糖

●適している低フルクトースの食品、あるいはバランスがとれている食品

果物――バナナ、ブルーベリー、ぶどう、グレープフルーツ、キウイ、キンカン、レモン、ライム、オレンジ、ネクタリン、みかん、パッションフルーツ、パパイヤ、パイナップル、プラム、ラズベリー、マスクメロン、スターフルーツ、いちご、トマト、タンジェリン

甘味料と調味料――メープルシロップ、米あめ、酵母エキス、テーブルシュガー、ショ糖、ブラウンシュガー、上白糖、粉砂糖、粗糖、ピーナッツバター、カシューナッツ以外のナッツバター、チョコ入りナッツのスプレッド、少量のジャムやマーマレード

❹四つ目の敵●ポリオール（ソルビトール、キシリトール）――マッシュルームやカリフ

ラワーなどの野菜、さまざまな種類の果物に含まれます。

●いい顔――虫歯菌のエサになりづらい甘味料としてガムなどに添加されている。

●弱い者いじめの顔――おなかの調子が悪い人にとっては、下痢、腹痛の原因になる。

これらのポリオール類は、分子量の大きさや水酸化物としての性質から粘膜《ねんまく》上皮バリアをうまく通過できません。このため小腸での吸収が悪く、浸透圧効果によって水分を小腸に引き込み、大腸内で発酵を促進させます。

ポリオールの仲間は「糖アルコール」とも呼ばれ、語尾が「～オール」で終わることが多いものです。

たとえば、ソルビトール、マンニトール、キシリトール、イソマルト、マルチトール、ポリデキストロースなどがあります。

ポリオールはいろいろな果物や野菜の中に自然に存在します。

食品メーカーで保湿剤として食品に用いられたり、人工甘味料として使われます。たとえば、シュガーフリーをうたったガムやミント菓子、キャンディなどです。

パッケージに「食べすぎるとおなかがゆるくなることがあります」と書かれています。

一食に〇・五g以上含まれている場合、おなかの不調の原因になりえます。

●避けた方がいい高ポリオールの食品

果物――りんご、アプリコット、梨、もも、西洋梨、ブラックベリー、ネクタリン、プルーン、すいか

野菜――カリフラワー、きのこ類、さやえんどう。

キシリトールなどの、「シュガーフリー」や「ダイエット」「低糖質」などの特殊な表示のある食品――ガム、ミント菓子、キャンディ、人工甘味料として使用しているもの

添加物――ソルビトール、マンニトール、キシリトール、イソマルト、マルチトール、ポリデキストロース

●適している低ポリオールの食品

果物――グレープフルーツ、バナナ、ブルーベリー、クランベリー、ぶどう、キウイ、レモン、ライム、マスクメロン、スターフルーツ、いちご、みかん

野菜――前記以外のすべて

添加物――砂糖入りガム、砂糖入りミント菓子、キャンディ、アスパルテーム、サッカリン、ステビア（一般的に添加物は健康にはすすめられるものではないがFODMAPとして悪さはしない）

グルテンフリー食より効果的な低FODMAP食

最近注目されているグルテンフリー食も過敏性腸症候群に効果が期待されますが、いまのところ科学的に有効性は確認されていません。（Gastroenterology 2013）

それよりも低ＦＯＤＭＡＰ食の方が科学的にも有効性が高いことが論文で確認されています。

低ＦＯＤＭＡＰ食はグルテンフリー食とはちがいます。

グルテンフリー食品は小麦やライ麦、大麦などを含まないため、低ＦＯＤＭＡＰ食を実行している人には適しています。

ただし、注意しなくてはならないことは、グルテンフリーの食品の多くはＦＯＤＭＡＰを含んでいるということです。

たとえば、りんごや梨などの果物、豆類です。

低ＦＯＤＭＡＰ食とグルテンフリー食のちがいで重要なことは、制限しているもの自体がちがうということです。

低ＦＯＤＭＡＰ食は、小麦のフルクタン（炭水化物）を制限したものです。

グルテンフリー食は、小麦のグルテン（たんぱく質）を完全に避けたものです。

多くの過敏性腸症候群の人がグルテンフリーの食事をすると、過敏性腸症候群の症状が軽くなったと証言しています。

ただ、グルテンフリー食が過敏性腸症候群の症状を改善することはありますが、それは食事からグルテンを抜いたからではなく、FODMAP食の中のひとつであるフルクタン（発酵性のオリゴ糖のひとつ）を除去した結果です。

さまざまな頭痛やだるさ、おなかの不調をグルテンのせいにする本なども見かけますが、セリアック病ではない過敏性腸症候群の人の症状をグルテンのせいにすることは、いまのところ得られている科学的根拠からすると考えにくいものです。過敏性腸症候群に悪さをしているのはグルテンではなく、フルクタンが犯人です。

混同しないようにしましょう。

第五章　自分のおなかに「傾聴」を

自分のおなかに耳を傾ける「傾聴《けいちょう》」ならぬ「傾腸《けいちょう》」を

おなかの不快な症状で悩んできた人が実行することは、まずは三週間、すべての高FODMAP《フォドマップ》食を除去する低FODMAP食を実行することです。

この期間については、できれば、八週間は続けることが望ましいとされています。しかし、まず八週間とお話しすると、できるかどうか自信がないという方も出てきます。ですから、まずは三週間、すべてのFODMAPを避ける低FODMAP食を忠実に、やってみましょう。

三週間すぎるとおなかの調子はかなり改善して自信がわいてきます。

この時期を迎え、症状が回復してきたら、食事日誌をつけながら、高FODMAP食のグループをひとつずつ開始し、自分の体に耐性があるかどうかを確かめていくのです。

低FODMAP食についてはまだ医師によってさまざまな意見があります。

医師や研究者、大学によって見解がちがうものがあります。それは、現在まだこの最新分野は研究が進歩している途中であり、非常に細かい部分は日々更新されているからです。

大部分は確立されているのですが、医師によっては、「他の医師はこの食品は高FODMAP食と言っているが、私の見解だと低FODMAP食だ」などと、細かすぎる分類にこだわる医師もいるかもしれません。

しかし、私たちがいまやるべきことは、どの食品が高ＦＯＤＭＡＰ食でどの食品が低ＦＯＤＭＡＰ食なのか、細かすぎる分類にこだわる専門家の意見に左右されることではありません。

低ＦＯＤＭＡＰ食は医師や研究家の所有物ではありません。低ＦＯＤＭＡＰ食は世界中の医師の研究の結果生まれた人類共通の財産であり、患者さんのためのものです。

実際、ＦＯＤＭＡＰの成分に対する耐性には個人差があります。

一般的に高ＦＯＤＭＡＰを含んだ食べものとされているものの中にも、食べられるものもあるのです。

ですから、あなたが注意深く耳を傾けるべきものは、ほかでもない、あなた自身の腸が発する言葉なのです。

この「傾聴」ならぬ、「傾腸」をすることが大切なのです。

まずはこの本の低ＦＯＤＭＡＰ食の表を見ながら開始してみて、あなたの腸が警告のメッセージ（腹痛、下痢《げり》、おなかの張り）を発したら、それを逃さず、ノートにメモしましょう（食事日誌をつける）。

そして、食べておなかの調子が悪くなる食品はチェックしておき、食べないようにするのです。

これが「傾腸」です。

ＦＯＤＭＡＰに対する感受性は人によって大きく異なるため、おなかの調子が悪い人がみなおなじようにそれぞれの食事を制限しなくてはいけないということはありません。

また、年齢変化によって若いときにだめだった高ＦＯＤＭＡＰ食が、歳を重ねることで食べられるようになることもあるので適宜《てきぎ》微調整が必要です。

低FODMAP食をはじめる前に

低ＦＯＤＭＡＰ食をはじめる前に、吐く息の中の水素試験を受けて（呼気中水素テスト）フルクトースか乳糖、あるいは両方の吸収不良がないかチェックしてみるのもひとつの方法です。

この呼気中水素テストでは、フルクトースと乳糖に対する不耐症がないか調べる検査です。もしどちらかが発見されなければ、低ＦＯＤＭＡＰ食にフルクトースと乳糖を加えることができます。

もし呼気中水素テストを受けないことを決めたなら、最初の三週間はすべてのＦＯＤＭＡＰを避けた方がよいでしょう。

メニューを考えるのに役立つこともある呼気水素試験

呼気水素試験は、低FODMAP食のメニューを考えるのに役立ちます。水素は腸内で細菌が炭水化物を発酵《はっこう》させるときに発生させるガスです。発生した水素のうち一部は大腸の内膜《ないまく》を通って血流の中に混じります。血流に乗って肺に達し、そこで呼気となり排出されます。

呼気に水素が混じるのは、腸内細菌《さいきん》による発酵が唯一の原因です（メタンガスも同様です。一〇％ほどの人は、大腸内の細菌が水素ではなくメタンをつくります。呼気水素試験では、肺から水素とメタンガスが排出される量を、特殊な機器で計測します）。

この試験を受けるとき、試験から二四時間の内にに食べる食品中の繊維《せんい》とFODMAPの量を最小限にするように指示されます。

息の中にわずかの水素しか混じらないようにするためです。

また、試験開始前の数時間には何も食べないようにします。

サンプルを取るため、バッグに息を吐くように指示されます。

その後、試験用の糖を水に溶かしたものを飲み、呼気のサンプルを一五分から二〇分おきに、最長四時間にわたって取られます。

通常、三種類の糖（ラクツロース、フルクトース、乳糖）が試験されます。ラクツロースは消化吸収できないため、その人の細菌がどのくらい盛んに水素を発生するか、その糖がどのくらいの速度で胃を出て小腸にいたるかを見きわめるのに使われます。フルクトースと乳糖についてはその後に試験されます。

糖の飲みものの後に水素（またはメタン）が検出されれば、その糖が腸の中の細菌により発酵した、すなわち完全に吸収されなかったことを示します。

フルクトースや乳糖が完全に吸収されていれば（つまり呼気水素に上昇がみられなければ）、それを制限しなければならない理由がありません。

もし呼気の中の水素が、フルクトースまたは乳糖摂取後に上昇したら、低ＦＯＤＭＡＰ食の一環として、これらを制限しなくてはいけません。

全員が呼気水素試験を受けなくてはならないのか？

この試験は、単に乳糖と過剰なフルクトースが吸収できる体質なのかどうかを調べるものにすぎません。

乳糖もしくは過剰なフルクトースの吸収不良がないことがわかれば、食事法の中でそれを制限しなくてもいいということです。

ただし、この情報は、フルクトースや乳糖の多い食品を試してどういう反応が出るかを確かめることで得ることもできます。

したがって、この呼気試験はこの食事法をはじめる上で不可欠ということではありません。

また、この試験はかなり再現性が乏しく、この試験で問題なしと判断されても実際には不耐症が出てしまったり、その逆にこの試験で不耐症があると判断されても、実際に症状はなかったりするので、最近はおこなわれなくなってきています。

検査に頼らなくても、あなたの腸を注意深く自分で「傾腸」することで十分にわかるのです。**さあ、「傾腸」をはじめよう**

ステップ❶　まずは三週間高FODMAP食を完全に中止する

まずは高・低FODMAP食品一覧表を参考に高FODMAP食を三～四週間食べないようにして、腸の症状を完全にしずめます。

腸の中にどのような腸内細菌をもっているかによって、どの程度それぞれのFODMAPに感受性があるか、耐性があるかが決まります。これには個人差があるので、自分にとってどのFODMAPが悪さをするのかは、実際に「傾腸」をしていくうちにはっきりしてきます。

すなわち、自分がおなかの調子を崩すときに食べがちなＦＯＤＭＡＰがわかり、主な元凶を突きとめていくことができます。

その前におなかの症状を完全に落ちつかせるために、三～四週間低ＦＯＤＭＡＰ食だけを食べるのです。

医師や専門家を受診する前に

医師や栄養士にＦＯＤＭＡＰについて相談するとき、この一週間に食べたものと自分の腸に生じた症状の日記を、診察や面談の前に提出すると、時間を無駄にせずスムーズに話を進められます。その記録を見てもらいながら、相談するといいでしょう。

ステップ❷　ＦＯＤＭＡＰを一度にひとつずつ再導入する

三～四週間、ＦＯＤＭＡＰを完全に除去した低ＦＯＤＭＡＰ食をおこなったあと、今度は自分の腸の声を注意深く聴きながら、ＦＯＤＭＡＰをひとつずつ再導入していきます。

ＦＯＤＭＡＰの中で、もっとも頻繁にたくさん食べられているのは、フルクトースとフルクタンです。

乳糖やガラクトオリゴ糖、ポリオールの摂取《せっしゅ》にはかなりの個人差があります。季節によってFODMAPの食べられる量が変わるものはソルビトールです。ソルビトールの摂取は夏に上昇しやすいのです。

なぜなら、夏はもも（ソルビトールとフルクタンが多い）やすいか（マンニトールとフルクタンとフルクトースが多い）など果物が旬のためです。

料理によって気をつけなくてはならないのは、メキシコ料理やインド料理です。これらの料理は、レンズ豆などの豆類をベースにしたものが多いのでガラクトオリゴ糖が高いのです。対して日本食は幸運なことに米を中心に低FODMAPです。

どの食品が自分のおなかの症状に関係しているのか、「傾腸」しながら見きわめていくためです。

このプロセスを傾腸（食物負荷《ふか》試験）といいます。

「傾腸」（食物負荷試験）のしかた

①一度にひとつのFODMAPを試すこと。
②一週間に一種類のFODMAP負荷を与えること。
③ふつうに食べる一回分にあたる食品の量を試すこと。食物負荷試験において、その食品

を食べすぎたり、逆に少なすぎると、ＦＯＤＭＡＰについての耐性について有効な情報とはなりえません。どんな食べものでも食べすぎれば症状を引き起こす可能性があります。

④できる限りひとつのタイプのＦＯＤＭＡＰを含む食品を選ぶと、自分の反応への解釈がより正確にできる（今週はフルクタン、次週はガラクトオリゴ糖、その次週は乳糖、その次週は果糖、最後の週はポリオール）。

⑤耐性（あるいは不耐性）が確認されるまで、ほかのすべてのＦＯＤＭＡＰの制限を続けておくことが必要。

⑥症状が現れたらストップし、その食品が自分の腸に合わないことをメモしておくこと（試験の週の中で少なくとも二度は負荷の食品を食べてみる）。

⑦症状が出たら――症状がなくなるのを待って、次回は食べた量の半分をもう一回食べて、もう一回負荷をかけてみる。

⑧おなじＦＯＤＭＡＰ群の食べものの中から別のものを試し、負荷の結果を確認してみる。

たとえば、ももの中にはポリオール（ソルビトール）がたくさん含まれています。ももを食べて症状が出た場合には、おなじポリオール（マンニトール）が含まれているきのこ類を食べてみます。

もももきのこも両方だめならば、あなたの腸は、ポリオールを受け付けないのです。

食品の負荷をかけて症状が出てしまった場合には、その食品の量を半分にして試してみてください。

低ＦＯＤＭＡＰ食をおこなう場合、食品の量というものは非常に重要です。量を少なくすれば、食べられることも多いからです。そのＦＯＤＭＡＰを完全に断たなくてはならないということはありありません（三〜四週間はＦＯＤＭＡＰ食を完全に控えること）。
⑨現在、あなたの腸が受け付けない（不耐性）と判断されたＦＯＤＭＡＰについては、将来、時間をおいてもう一度試してみてください。
ＦＯＤＭＡＰに関する感受性は時間とともに変化することがあるためです。いま食べられないものも、時間が経つと、食べられるようになる可能性もあるのです。諦めないでください。

FODMAP再導入のプラン

それでは、どうやって試せばいいのでしょうか。
その具体的なプランの例を示します。
ＦＯＤＭＡＰとは、これまで説明してきたとおり、オリゴ糖（Ｏ）であるフルクタン、ガラクトオリゴ糖、二糖類（D）である乳糖（ラクトース）、単糖類（M）である果糖（フルクトース）、それから（ANDのA）、ポリオール（P）であるソルビトール、キシリトールなどを含む食品でしたね。

三～四週間のFODMAP除去期間をおいて、それぞれの発酵性オリゴ糖、二糖類、単糖類、ポリオールを一週間に一グループずつ開始していくのです。

食品をまずはこの通り食べてみてください（メニューはモナッシュ大学による）。

①フルクタンがあなたの腸に合うかどうか調べるために食べるもの

小麦パン二切れ、あるいはにんにく一片、その後、四分の一のタマネギを試す（タマネギはフルクタンの含有が非常に多いので最後に試すこと）。

「傾腸」してみて、おなかがゴロゴロしたり、腹痛が出たり、下痢をしたり、おなかがパンパンにガスで張るようでしたら、あなたの現在の腸にフルクタンは合わないと判断されます。

②ガラクトオリゴ糖があなたの腸に合うかどうか調べるために食べるもの

二分の一カップのレンズ豆、インゲン豆、もしくはひよこ豆これらを食べてあなたの腸の声によく耳を傾けてください。

「傾腸」してみて、おなかがゴロゴロしたり、腹痛が出たり、下痢をしたり、おなかがパンパンにガスで張るようでしたら、あなたの現在の腸にガラクトオリゴ糖は合わないと判断されます。

③乳糖（ラクトース）があなたの腸に合うかどうか調べるために食べるもの
牛乳二分の一～一カップ、またはヨーグルト一七〇g
「傾腸」してみて、おなかがゴロゴロしたり、腹痛が出たり、下痢をしたり、おなかがパンパンにガスで張るようでしたら、あなたの現在の腸に乳糖（ラクトース）は合わないと判断されます。

④果糖（フルクトース）があなたの腸に合うかどうか調べるために食べるもの
ハチミツ小さじ一杯またはマンゴー半分
「傾腸」してみて、おなかがゴロゴロしたり、腹痛が出たり、下痢をしたり、おなかがパンパンにガスで張るようでしたら、あなたの現在の腸に果糖（フルクトース）は合わないと判断されます。

⑤ポリオールがあなたの腸に合うかどうか調べるために食べるもの
ソルビトールはどうか？　生のアプリコット二個もしくは桃二切れ
マンニトールはどうか？　きのこ類二分の一カップ
「傾腸」してみて、おなかがゴロゴロしたり、腹痛が出たり、下痢をしたり、おなかがパンパンにガスで張るようでしたら、あなたの現在の腸にポリオール（ソルビトールやマンニトール）は合わないと判断されます。

この①〜⑤を、一週間ごとに試すのが、「食物負荷試験」です。

一度に複数のＦＯＤＭＡＰを試さず、一種類ごとのＦＯＤＭＡＰにあなたの腸に耐性があるかどうか「傾腸」しながら確かめていくのです。

めんどうだと思うかもしれませんが、誰でもない、あなたの腸に時間をかけて耳を傾け、傾聴していくことが大切です。

なぜ「傾腸」が必要なのか？

あなたの愛する子どもやパートナーをしっかり見つめていますか？

愛するということはよく見つめてあげるということです。

私たちは毎日忙しいですから、家族の顔をしっかり見ながら話す機会が少なくなってきているような気がしませんか？

夫婦や子どもとの会話ですら、携帯電話を見ながら、料理をしながらになりがちです。

しかし、じつは、見つめるだけで、あなたの愛する人や家族の病気すら見つけることができるのです。

たとえば、あなたが男性なら、あなたの奥さんの左腕に何個ほくろがあるか、知っていますか？

じつは、左の肩から左手の指先まで一五個以上ほくろがある人は、乳がんになりやすいのです。

私は患者さんを診るとき、肌をよく観察しています。

ほくろの少ない女性に比べ、多い女性では、その数が増えるにしたがって乳がんのリスクも増えています。(Nurses' Health Study)

ほくろが非常に多い女性で、ほくろが少ない女性に比べ乳がんリスクが有意に上昇が見られました（国際がん研究機構による欧州一〇ヵ国五〇万人以上参加者をもつ一八年間の解析）。

ほくろと女性ホルモンは以前から関係があると言われていました。

そして実際に、エストロゲンの作用が強すぎると乳がんになりやすいのです。なおかつ、ほくろの多い人はエストロゲンの代謝がよくなく、乳がんになりやすいことがわかっています。

ホルモンと関係があるのでこのような現象が見られるのです。

ほくろが増えたな、というサインがある場合にはより注意して検診を受けたり、食生活を改善させたり、肥満や過度のアルコール摂取を控え、生活リズムを整えることが重要です。（PLoS Med 2014）

図19　ほくろの数と24年間の乳がん調整後リスク

ほくろの数	「ほくろなし」に対する多変量調整後ハザード比（95% CI）
1 ～ 5個	1.04（0.98 ～ 1.10）
6 ～ 14個	1.15（1.00 ～ 1.31）
15個以上	1.35（1.04 ～ 1.74）

（*PLoS Med* 2014年5月10日オンライン版の抄録に基づき作成）

それだけではありません。耳たぶで心筋梗塞《しんきんこうそく》が察知できる、というデータもあります。

あなたも自分の体の「シャーロック・ホームズ」になれる

私は毎日多いときで二〇〇人の患者さんを診療している内科医です。

ただ、私ははじめてお会いする新しい患者さんが診察室に入ってくると、とりあえず目を見てあいさつはしますが、じつは耳をよく見ています。もちろん顔も見ていますしスカートや手の指、髪の毛も見ています。ほくろや目の動きを見ています。

なぜ耳が大切なのか。耳で血管の病気になりやすいかどうかがわかってきたからです。

あなたの家族の耳たぶに次のようなサインはないでしょうか？

耳たぶのシワ（フランク徴候《ちょうこう》）があると、心筋梗塞や脳梗塞などの血管の病気になりやすいことが確認されました。権威ある医学誌である「ニューイングランド・ジャーナル・オブ・メディスン」にて、この耳のサインの信用性について大規模な統計が発表されたのです。

図20　ブッシュ元米国大統領。右耳にシワが出ていることを確認できる

このサインの「感度」は四八％、「特異度」は八八％と高い数字です。

「感度」とは、心筋梗塞になった人の中でこの耳のサインがある人の割合をいい、「特異度」とは、心筋梗塞になったことがない人の中でこの耳のサインがない割合のことをいいます。

(Imaging Challenge NEJM 2013)

このサインがある人物で有名なのが、ブッシュ元米国大統領です。

彼は心筋梗塞や脳梗塞など血管の病気にならないか要注意です。これからの彼は医学界からも注目されているのです。

みなさんも、親やパートナー、恋人や友達の耳たぶに注目してみてください。

そして、もしサインが見つかった人には、血管の病気にならないように、この情報を伝えてあげてください。

スカートのサイズで乳がんがわかる？

私が患者さんの胸の音を聴診器で聴くとき、介助《かいじょ》をしている看護師さんが患者さんの服をたくし上げてくれます。

そのとき、私は背中の音を聴きながら、患者さんのスカートのタグについているスカートのサイズをさりげなくチェックしています。

「先生って、エッチ」と言わないでください。決してそういう気持ちで見ているのではありません。

じつは、「スカートのサイズが乳がんリスクに関連する」ことがわかっているのです。

二〇代半ばから六〇代半ばまでの一〇年間にスカートのサイズがにワンサイズ上がると、乳がんのリスクが三割も上昇することがわかったのです。ワンサイズアップで三三％、二サイズでは七七%もリスクが上がります（イギリスの卵巣《らんそう》がん研究で閉経後の九万人以上の女性のデータを解析したもの）。（BMJ Open 2014）

これまでにも、背の高い女性は乳がんになりやすいことがわかっていました。（The Lancet Oncology 2011）

このようにみかけは病気のなりやすさを予測するのに役立つのです。

あなたのスカートのサイズは何号でしょうか？

過去一〇年間のスカートサイズを思い出してみましょう。「二〇代のころは九号が楽にはけたのに、いまは一一号も苦しい」

乳がんは若いときにやせていて、中年になって太った人にできやすいのです。

乳がんは若いとき太っていて、中年になってやせる人のほうがなにりくい。

つまり、若いときにダイエットしすぎていて歳をとって油断した結果太る、そんな人は注意が必要なのです。

太っていると、乳がん、子宮がん（体部）、食道がん、大腸がん、胆嚢《たんのう》がん、腎臓《じんぞう》がん、白血病、頸部《にいぶ》がん、甲状腺《こうじょうせん》がん、卵巣がんのリスクも上昇します。肥満はがんのリスクを高めます。

他にも、背が高い人は食道がんになりにくい（Clin Gastroenterol & Hepatol 2014）、手の指の人さし指と薬指を比べて薬指の方が長い人は、男性ホルモンが高い人が多い、男性の脱毛症で前立腺《ぜんりつせん》がんのリスクが四〇％上昇する、眼球運動の速い人は忍耐力が低く、衝動的に決定を下す可能性が高い（Neurosci 2014）など、よく見つめることの重要性がわかる知識がたくさんあります。

他でもないあなたの腸を愛せるのはあなたしかいません。自分を幸福にしなくては他人も本当の意味で愛せません。

傾聴、すなわち「傾腸」をしてください。

もちろん健診も大事です。しかし、このように気にかけてあげるだけで病気も察知しうるのです。

シャーロック・ホームズは、死体についた毛糸などのささいな手がかりをもとに真犯人を見つけたりします。

名医もそれとおなじです。患者さんの体のちょっとしたサイン、ささいな会話、データの変化から正しい診断をくだすのです。

あなたも、あなたの腸をよくしたいと思うなら、自分の腸をよく気にかけて、時間をとって、腸の発する声に耳を傾ける、傾聴ならぬ「傾腸」をすることが大切なのです。

ある有名な精神科の治療家が言っていました。患者さんとよい信頼関係（ラポール）を

築くにはどうしたらいいか？と尋ねたところ、

「患者さんをよく見つめることだ」と言っていました。

はじめて患者さんと会ったとき、会話をしながら、その患者さんの目、耳から肌、髪まで、とにかくよく見ること。

そうすると、不思議と患者さんは治療家を信頼してくれるようになり、次もまた相談に来てくれ、病気もよくなっていくというのです。

見つめるにはこのような不思議な効果があるのだな、と私も感心した次第です。

あなたも、自分の腸との間にラポールを築きましょう。

●低ＦＯＤＭＡＰ食のアドバイス

ここからは、低ＦＯＤＭＡＰ食の細かいアドバイスを紹介します。

タマネギは少量でも要注意

少量のＦＯＤＭＡＰ材料ならば問題ないものも多いのですが、唯一の例外はタマネギです。

タマネギを含む食品は、たとえ含有量が少量であっても、すべて避けるのが基本です。

タマネギは過敏性《かびんせい》腸《ちょう》症候群《しょうこうぐん》の症状の重要な引き金になるものです。

したがって、スープ、ポテトチップス、ソース、マリネ、加工食品などを買うときは、常にタマネギを警戒することが重要です。

食品パッケージをよく読んで、原材料リストに、「タマネギ、オニオンパウダー、エシャロット、ポロネギ」が入っているものは避けましょう。

自分で料理をするときもこれらは使わないようにすることが大切です。また注意しなくてはならないことは、タマネギの中に入っているフルクタンは、水溶性食物繊維であり、タマネギからしみ出て、他の食材にしみこむことです。

どうしてもにんにくの香りが欲しいときは、にんにくフレーバーのオイルを使いましょう。

●おやつにおすすめなのは

チーズ　硬いチーズ、熟成チーズ

果物　低FODMAP食の表を参考にし、一回の量は一個か少なめに抑える

野菜　ピーマン、にんじん、きゅうり、トマト

クラッカー　グルテンフリーのクラッカー、ライスケーキ、ライスクラッカー

その他　赤身の肉、鶏肉、魚、卵、ナッツ（カシューナッツとピスタチオは除く）、少

量のヨーグルト（ラクトースフリーのものがおすすめ）、ダークチョコレート、アイスクリーム（ラクトースフリー）、ポテトチップス（オニオンパウダーのないもの）、もち

●飲みものでおすすめは

果物入りの水　ただの水が腸にはいちばん好ましいものです。しかし、なにか風味や味がないと物足りないこともあります。そのようなときには、ＦＯＤＭＡＰの含まれない果物をしぼって飲むのがいいでしょう。レモンやライム、これはＦＯＤＭＡＰを含みません。炭酸飲料はおなかのガスを増やすもとになるので控えましょう。

ソフトドリンク　これには注意しなくてはいけないことがあります。低ＦＯＤＭＡＰフルーツのジュースの中でも、「果糖ブドウ糖液糖」「高果糖液糖」という甘味料が添加されたものは高ＦＯＤＭＡＰなので避けることが必要です（「ブドウ糖果糖液糖」は問題なし）。

果汁ベースのジュースには、名前にそれと記載されていなくても梨やりんごが使われているものがあります。

以上のように、ジュースを買うときには、裏のパッケージの成分表をよく読んで選ぶこ

とが大切です。

また、適した果物（ぶどうやオレンジ、クランベリー、パイナップル、トマト）からつくられたジュースは基本的に低ＦＯＤＭＡＰですが、それでも飲みすぎるとフルクトースが過剰になるおそれがあります。ですから一度に飲む量はコップ二分の一杯にとどめたほうが無難です。

逆に、スクロースを甘味料として使用しているジュースは低ＦＯＤＭＡＰですので、大量に飲まなければ大丈夫です（大量に飲むと、低ＦＯＤＭＡＰのジュースでもＦＯＤＭＡＰの総量が増えることでおなかの調子を崩してしまいます）。

また、野菜ジュースは一般的に健康によいイメージがありますが、注意しなくてはならない点もあります。

適した野菜からのしぼりたてのジュースであれば、基本的に低ＦＯＤＭＡＰなので自由に飲んでも大丈夫です。

しかし、市販の野菜ジュースには、タマネギが入っていることが多いため、避けた方がよいでしょう。

その他スポーツドリンクなど、電解質飲料はいろいろな甘味料を使っていますので、フルクトースを使っているものは控えましょう。原材料をチェックし、飲んでも大丈夫かを確認しましょう。それから、一度にどのくらい飲むかにも注意しましょう。

お茶では、緑茶は問題ありませんが、たんぽぽ茶はフルクタンをたくさん含むため避けるか、自分の腸の耐性に照らし合わせて少量にとどめましょう。ウーロン茶にもフルクタンが豊富に含まれます。チャイ、カモミールティーにもフルクタンが豊富なので避けましょう。

牛乳の代替飲料となるものには豆乳があります。豆乳は、豆全部からではなく、大豆エキスからつくられたものであれば、通常大丈夫です。

大豆そのものからつくられた豆乳は、ガラクトオリゴ糖が多く含まれているので避けた方がよいでしょう。

他にもアーモンドミルク、ライスミルク、キヌアミルク、オーツミルク、ラクトースフリーのミルクなどは乳糖が含まれておらず、低FODMAPなので、気にせず飲んでもかまいません。

アルコールでダメなものと大丈夫なもの

アルコールの飲みすぎは過敏性腸症候群のある人には非常に重要な問題となります。

なぜなら、アルコールの飲みすぎは腸管の過敏性を誘発するからです。

しかし、だからといって、完全にアルコールを断つ必要はありません。アルコールの種類に気をつけること、またアルコールはアルコール単独で飲まないで、食事といっしょに飲むようにすることが大切です。食事とともにアルコールをとれば、アルコールの吸収がゆっくりになるからです。アルコールは男性は一日二杯まで、女性は一杯までとし、週二日はアルコールを一滴も飲まない日をつくりましょう。

アルコールを選ぶときに重要なことは、どれだけそのアルコールがフルクトースを含んでいるかです。

アルコールで高ＦＯＤＭＡＰなものの代表がラムです。ラムは過剰なフルクトースを含みますので避けなくてはなりません。またシードル（りんご酒）はりんごか梨の果汁をベースにしているアルコール飲料のため、低ＦＯＤＭＡＰ食には適しません。

ただし、蒸留酒（スピリッツ、ウイスキー、ブランデー、ウオッカ、ジン、テキーラ）は、たとえ小麦、ライ麦を原料としていても、ＦＯＤＭＡＰを含みません。ただ、大量に飲むとアルコール過剰のせいで腸管が過敏になる恐れがありますので注意です。

ビールには、小麦を原料としたものもありますが、精製の過程で小麦は少量しか残らないので問題になりません。

ビール、ラガー、エールはすべてグルテンを含みますので、セリアック病の人にはよくありませんが、低FODMAP食としてはふさわしいものです。

ワインは甘みの強いものを避けるようにしましょう。

ご存じのとおり、ワインの甘さはさまざまです。糖分が少ないドライなワインなら問題ありませんが、甘みの強いもの、甘いスパークリングワイン、デザートワインなどはフルクトースの含有量が高いのです。デザートワインとしてはポートワイン、マスカットワインなどの強化ワインはよくありません。甘くない（ドライな）ワインを選びましょう。

日本酒（米からできた酒）は問題ありません。

一度にどのくらいの果物をとっていいか

一食につき、適した果物の一食分を超えて食べないようにした方がいいです。

一食分とは、切った果物一カップか、果物ひとつ、たとえばオレンジ一個やバナナ一本です。

果物は一日に何度も食べてよいですが、二〜三時間はあけた方がベターです。

グルコースとフルクトースのバランスについて

もし過剰なフルクトースを避けなくてはならないなら、フルクトースといっしょにグルコースを摂取すると、症状の程度が抑えられます。

つまり、果物を食べるときには、砂糖をいっしょに食べるといいのです。

なぜなら、フルクトースはグルコースといっしょに腸の中に吸収される性質があるからです。

グルコース源としては、スーパーの健康食品店や薬局にあるグルコースの錠剤やパウダーを利用できます。

フルクトースを食べるときに、どれくらいのグルコースをとればいいのかは、そのフルクトースを含んだ食品をどれくらい食べたのかに左右されます。

一番よい方法は、いろいろと試してみて、過剰フルクトースを含む食品を食べてもどのくらいグルコースをとればおなかの不調が出ないかを「傾腸」しながら、試行錯誤し、自分で調べることです。

ただし、この方法は糖尿《とうにょう》病の患者さんにはおすすめできません。

動物性たんぱく質は問題なし、植物性たんぱく質には注意

肉や魚、鶏肉、卵など動物性たんぱく質はＦＯＤＭＡＰを含みません。

脂肪や油もＦＯＤＭＡＰを含みません。

しかし、植物性たんぱく質、たとえば豆類はガラクトオリゴ糖というＦＯＤＭＡＰを含むために避けなくてはなりません。

一般的にＦＯＤＭＡＰはたんぱく質ではなく、炭水化物の食品に多く含まれています。

小麦食品はまったく食べてはいけないのか？

低ＦＯＤＭＡＰ食では、小麦や大麦、ライ麦などをたくさん食べることは避けなくてはなりません。

つまり、パン、パスタ、クッキーは避けるべきですが、フライドチキンの表面についたパン粉や、アイスクリームの中に入っているクッキーのかけらやスープのクルトンなどは味わっても大丈夫です。

小麦を減らす食事をするとよいことがあります。

それは、他のいろいろな穀物を摂取するため、幅広い栄養を摂取することができるから

です。非常に多くの種類のグルテンフリー（小麦、大麦、ライ麦が入っていない）食品が発売されています。

グルテンフリーの食品には小麦類が入っていません。グルテンフリーのおいしいパスタ、パン、シリアル、パン類、クッキー、スナックなどが販売されています。

グルテンフリーの商品についての注意

グルテンフリーの商品がすべて安全というわけではありません。

グルテンフリーのベーキング商品も、低ＦＯＤＭＡＰ食には適しない材料が入っている場合があるのです。

たとえば、甘味料としての濃縮果汁や、高ＦＯＤＭＡＰの粉類などです。

現在、食品のパッケージの表示は、含まれている成分が多い順番に記載することがＪＡＳ法で定められています。

もし原材料のリストに高ＦＯＤＭＡＰのものが多ければ、その食品は控えた方がよいものです。

ただし、そのような材料が入っていても、リストの下のほうにある（つまり少量しか使われてない）場合には、許容範囲内のことがあります。

ラクトース吸収不良に対処する他の方法

ラクトースの吸収不良がある人は、ラクターゼ酵素《こうそ》の錠剤を薬局や健康食品の店で買うことができます。

この酵素が乳糖入りの食品や飲料の中の乳糖を分解してくれるため、吸収が可能になります。

これによって食事の品目を増やすこともでき、外食などのときには大きな助けになるでしょう。

ラクターゼの錠剤は乳糖を含む食品や飲料と同時に飲むことが大切です。

また、ラクトース不耐症の人でも、豆乳は低ラクトースであるため許容範囲内の場合が多いですし、中でもとくに大豆エキスからつくった豆乳（全豆からではなく）は許容範囲の場合が多いので試してみてください。

●ベーキング――小麦粉の代わりとしては、グルテンフリー粉、細かい米粉、じゃがいも粉を使うようにしましょう。

●豆類、大豆製品――大豆食品の中でも、豆腐や味噌は、加工の過程で低ＦＯＤＭＡＰとなるので問題ありません（絹ごし豆腐はガラクトオリゴ糖が豊富なので避けるべきです）。

豆乳や豆乳ヨーグルトは、大豆全粒からではなく、大豆エキスからつくられたものならば、普通は許容範囲です。

大豆全粒からつくられた豆乳は低乳糖（ラクトース）ですが、ガラクトオリゴ糖が豊富なので避けるべきです。

豆乳は、大豆全粒からのもの（Milk, soy〈soy bean〉）は避けて、大豆エキス（大豆抽出物）からつくられたもの（Milky, soy〈soy protein〉）を選びましょう。

低FODMAP食をおいしく食べるためにスパイスとハーブを

低FODMAP食を続けるために、スパイスやハーブを使うと効果的です。ごま、こしょう、しょうが、パセリ、カレー粉、チリ、バジリコ、シナモン、マスタード、ペパーミント、クローブ、ラベンダー、パプリカ、ローズマリー、八角、サフランなどです。

ちなみに、醤油やマヨネーズ、照り焼き用ソース、モルトビネガーなど、ソースの材料としての小麦がごくわずかに入っていますが、低FODMAP食としては問題になりません。

対して、くり返しますがタマネギは十分に注意する必要があります。

ドレッシング、ソースにも注意が必要ですし、タマネギはソーセージにも含まれることがあり要注意です。

糖尿病と低FODMAP食

低FODMAP食を実行することは、糖尿病をもつ人にも好ましいことです。

ただ、フルクトースの吸収を助けようと、グルコースを足してフルクトースとのバランスを整える方法はとらない方がよいので注意しましょう。

糖尿病の食事においては、グリセミック指数（GI値）が重要です。

GI値とは、食品ごとの血糖値の上昇度合いを間接的に表現する数値です。

食品による血糖値の上がり方の違いを発見し提唱したもので、グリセミック・インデックスまたはGI値とも表現されます。

GI値が低いほど、食べても血糖値がゆっくりしか上昇しません。

糖尿病患者さんは食後に血糖値を急上昇させないことが大切なので、GI値の低い食品をすすめられることが多いのです。

ただ、低GI食品の多くがFODMAPを多量に含んでいることが多いのが注意点です。

したがって、血糖値を下げようとする低GI食品は、低FODMAP食としてはあまり向いていないものもあるのです。

これは特に小麦ベースの全粒粉食品、全粒粉パンやパスタに関していえます。

小麦不使用の代替品はＧＩ値が高いのとは対照的に、乳製品や生の果物・野菜はＧＩ値が低い傾向にあります。

全体の食事のGI値を下げる工夫

低ＦＯＤＭＡＰ食に適した、小麦不使用パスタをゆでるときには、アルデンテ（歯ごたえが残る）にすることでＧＩ値を低くすることができます。

食べる量を控えめに。食品が低ＧＩでも、たくさん食べてしまえば、血糖値が上がってしまいます。

ジュースやソフトドリンクを最小限に。たくさん飲むと、低ＦＯＤＭＡＰ食として不適切なだけでなく、血糖値を上げるもとになります。

毎回食事のときには、低ＦＯＤＭＡＰである低ＧＩ食品を加えて、全体の食事のＧＩ値を下げるようにしましょう。たとえば、ラクトースフリーのヨーグルトや、低ＦＯＤＭＡＰの果物、キヌア、米ぬか、低ＦＯＤＭＡＰのナッツや種を加えるようにします。一回の食事のＧＩ値は、全部の食品のＧＩ値の累積で決まるので、それぞれの食品成分のＧＩ値が低いほど、食事全体のトータルなＧＩ値は当然低くなります。低ＦＯＤＭＡＰで、かつＧＩ値が低いものを食事に足して、食事全体のＧＩ値を薄めてあげるのです。

菜食主義（ベジタリアン）はどうしたらいいか？

肉を食べないベジタリアン、とくに卵や牛乳までも食べないヴィーガン（絶対菜食主義）では、たんぱく源をどこに求めるのか考える必要があります。

ビタミンB_{12}のように、動物性の食品にしかないものもあるからです。サプリメントなども取り入れて、必須栄養素をとる必要があります。

ベジタリアンとヴィーガンでは、主要なたんぱく源として豆類が使われます。しかし、豆はガラクトオリゴ糖とフルクタンが多いのはこれまで述べてきたとおりです。ただ、前述のように、大豆食品の中でも豆腐や味噌、大豆抽出物からつくった豆乳は問題ないので、これらからたんぱく質をとるようにしましょう。

また豆類でも、全員がだめなわけではなく、それぞれの人間に耐性のちがいがありますので、食物負荷試験をおこなって、自分の耐性の境界をつきとめる必要があります。

もし少量の大豆や他の豆類をとって、「傾腸」し、耐性があるようなら、取り入れて貴重なたんぱく源とする必要があります。

乳製品や卵も食べられるベジタリアンで、豆類に耐性がないならば、豆を避けても、適切な量の乳製品、卵ベースの食品をとれば、たんぱく質摂取量を落とさないですみます。

ただ、ヴィーガンの人で、かつ豆がだめな場合には、他のたんぱく質の摂取源としては、ナッツや種のような高たんぱくの穀物があります。

たとえば、
●ナッツ（カシューナッツとピスタチオを除く）と種（ひまわりの種、パンプキン、ごまなど）を毎日食べる。
●低FODMAPの牛乳代替品を選ぶ。たとえば、たんぱく質を強化した米やオート麦、キヌアアーモンドのミルク。
●レンズ豆やひよこ豆は、乾燥豆よりも缶詰の方がFODMAPが低いため、何回も水でよくすすげば問題ない場合がある（四分の一カップまで）。
●マメ科に耐性がなければ、大豆エキスからつくった豆乳、豆のたんぱく質、豆腐などを利用する。
●もし乳製品が大丈夫なら、ラクトースフリーのものも含めて牛乳とヨーグルトとチーズを取り入れる

●卵を食べられるなら、なるべく食べるようにする。

子どものための低FODMAP食

もし過敏性腸症候群が疑わしい場合、まずは小児科に受診し、別の病気がないか調べてもらい、医師に食事について相談した方がいいでしょう。その上で、教師や子どもの友だちにも子どもの腸の個性について知ってもらうことも必要です。

学校でも、給食などで食物アレルギーや不耐性について、注意深くなってきています。ラクトースフリー食やグルテンフリー食も日本でも出回るようになってきており、適した食品が幅広く選べるようになってきていますので、子どものおなかの調子を改善する戦略も具体的に実行できるようになってきています。

教師にも、子どもが食べると調子が悪くなる（耐性がない）食品は伝えておきましょう。これらは「食べきるまで昼休みも教室に残す」ような指導には適さない食べものであることを、教師に理解してもらわねばなりません。

必要なら、学校で出るパンの代わりのグルテンフリーのパンや学校で出る牛乳の代わりのラクトースフリーの牛乳「「アカディ」（雪印メグミルク）」やヨーグルトを持参させることも許可してもらった方がいいでしょう。

子どもには、高FODMAP食を見きわめ、避けることができるようにしつけると自分で上手に管理できるようになります。

ただ、ときには子どもにも学校生活や友だちづきあいの中で、ともに食べる楽しみを味わえるようにしたい。その結果、一時的におなかの調子を崩すことも青春の思い出には代えられません。

たとえば、多少の小麦なら食べても害はありません。子どもがたまにケーキやカップケーキを少し食べても、それで起こる症状がひどくないなら、よいことです。子どもの症状の重さを考慮して決めましょう。

セリアック病の人のグルテンフリー食とちがって、過敏性腸症候群の人の低FODMAP食は完全に厳しく制限しなくてはならないものではありません。

少しおおらかにとらえて子どもを見守る余裕をもちたいものです。

子どものお弁当におすすめのもの

学校や遠足、また大切な受験のときに子どもが下痢しないために工夫してあげましょう。

寿司、おむすび、チャーハン（タマネギやにんにくは使わない）、低FODMAP食の果物（バナナ、ぶどう、イチゴ、キウイ、レモン、みかん、ブルーベリーなど）、肉、固ゆで卵、低FODMAP野菜（ピーマン、トマト、ブロッコリー、にんじん、ほうれん草、きゅうり、レタス）のサラダ、小麦不使用のサンドイッチ、グルテンフリーのパンに肉やチーズをはさむ、ラクトースフリーのヨーグルト、カッテージチーズを少量、小麦不使用のピザなどが一例です。

食品のラベルの読み方

食品を食べる前に、低FODMAP食に適しているかどうかチェックしましょう。

具体的には、常にラベルを読むことです。

原材料は、一番多く含まれている成分が最初に書かれています。

FODMAPは、相当量を定期的に食べているときだけに症状を起こしますので、少量含まれているだけでは問題のないことも多いのです。最初の方にFODMAPが含まれている食品は避けましょう。

例――ジュース
　原材料表　蒸留水、フルクトース、果汁還元（オレンジ、ぶどう）、食酸（クエン酸）、香料、保存料
表示を見ると、フルクトースがこの飲料の二番目にきています。

ということは、フルクトースが多く、メインの甘味料として使われていることを意味します。

したがって、このジュースは買わない方がいいでしょう。

例——パン

原材料表　コーンスターチ、じゃがいも粉、タピオカ粉、乳固形分、重曹《じゅうそう》、塩、フルクトース、保存料

フルクトースはこのパンの材料の中で、最後の方に書かれています。これは付随《ふずい》的な材料としてフルクトースが使われているので、フルクトースが入っていても、おなかの不調にはつながらないと解釈されます。

外食でも選べる低FODMAP食

できるだけ、パンよりもライスを選択するようにしましょう。和食ではお寿司もおすすめです（ただしわさびは高ＦＯＤＭＡＰ食なので少なめにしましょう）。

もともと日本料理は、低ＦＯＤＭＡＰ食に似ています。コンビニではおにぎりです。米は一番水素を発生させないもののひとつです。もちやおかゆもおすすめ。

ラーメン（とくににんにくラーメンなどは注意！）、お好み焼き、たこ焼き、焼きそばなど小麦が多く含まれるものは避けましょう。

ハンバーガー店では小麦不使用のパンをもち込んで、タマネギを抜いたパティを入れてもらうのも一法です。

レストランではできるだけ健康に気を遣っているお店を選びましょう。

私もよくホテルに宿泊するときには注意深くレストランを観察していますが、最近はホテルの朝食のバイキングでもグルテンフリーの食品が並んでいます。とくにセリアック病の人が多い外国人が宿泊する外資系ホテルにはグルテンフリー食が多く並んでいます。また、通常のランチやディナーのメニューにも「グルテンフリー」としてメニューに掲載されています。

このような店では、率先してグルテンフリー食を選ぶといいでしょう。

これまで述べたように、グルテンフリーと低ＦＯＤＭＡＰ食とはちがうものですが、おなじように小麦を制限するので低ＦＯＤＭＡＰ食としても有効です。

同時に、グルテンフリー食が必ずしも低ＦＯＤＭＡＰ食ではないことも忘れてはいけません。

グルテンフリー食の中にも、高ＦＯＤＭＡＰ食がありますので注意が必要でしたね。

「基本グルテンフリー食」＋「タマネギ除去」が低ＦＯＤＭＡＰ食の概略です。こう言ってもらうとレストランのシェフにも伝わります。

セリアック病の人のグルテンフリー食と比べ、低ＦＯＤＭＡＰ食はずっと制限がゆるいのが特徴。

カツや野菜についているパン粉やサラダのクルトンまで、いちいち取り除く必要はありません。あまりに過剰に除去しなくても大丈夫です。

もし低FODMAP食で効果がなかったら

低ＦＯＤＭＡＰ食はかなり効果的な方法ですが、一〇〇％人に効果的というわけではありません。

しかし、低ＦＯＤＭＡＰ食が効果がないと判断する前に、この食事法を厳密に守っていなかったのが原因だということも多いのです。

他にも呑気症《どんきしょう》の人もいます。ものを食べたり飲んだりするときに、いっしょに空気を飲みすぎる人です。

このような人は、炭酸飲料を避け、飲料を速く飲みすぎないようにすることが大切です。飲みものはゆっくり飲むように習慣づけてください。

一日の総FODMAP量（3g未満）

オリゴ糖		乳糖	果糖	ポリオール
ガラクトオリゴ糖	フルクタン	1食 4g以下 （論文では 1日 0.05g※ 現実的には 1日 1.5g以下 が望ましい）	（果糖）－（ブドウ糖） ＜0.2g の食べものが望ましい 1日 1.2g※	1食 0.5g以下 論文では 1日 0.2g※
1食 0.2g未満	1食 0.2g未満			
合計 1.6g※				

※2014年ギブソンらのGastroenterology掲載論文での低FODMAP食による
論文では、1日のFODMAP総量は、
オリゴ糖1.6g＋乳糖 0.05g＋果糖 1.2g＋ポリオール 0.2g
＝3gとなる

図21　一日の総FODMAP量早見表

低FODMAP食以外にも、後述するとおり、認知行動療法や催眠術といった方法もあります。

低FODMAP食の成功のカギは一日にとるFODMAPの総量を三gほどに抑えることです。

ひとつひとつの食材に入っているFODMAPは少なくても、たくさん食べてしまうと、FODMAPの総量が増え症状が出てしまいます。

ですから、一食でFODMAPをたくさん食べてしまった場合は、他の食事のときにそれだけ食べるFODMAPの量を減らしましょう。

FODMAPのグラム数にはあまり神経質にならず、「傾腸」することで実際に自分に合うかどうか体感することが重要ですが、念のためにＦＯＤＭＡＰのグラム数についての図を御参照ください。

第六章　低FODMAP食が人間の根を元気にする

長期的にも低FODMAP食は安全である

これまで述べたように、腸の中で腸内細菌《さいきん》がつくる酢酸《さくさん》やプロピオン酸などの代謝《たいしゃ》産物は、腸の細胞にはよい影響を与える有用なものであることを説明しました。

しかし、じつは、詳細な研究により、過敏性腸症候群《かびんせいちょうしょうこうぐん》の患者さんでは、これらの便内有機酸（酢酸、プロピオン酸）などが健康な人よりもずっと多いことが判明したことも前述しました。

しかも、酢酸、プロピオン酸の濃度が高い人ほど、過敏性腸症候群の症状が悪化しているのです。

少量であれば体に有用な働きをする酢酸などの腸内細菌の代謝産物も、多すぎると悪さをするということです。

過敏性腸症候群の患者さんの腸の中では、ラクトバチルスとヴァイロネラという腸内細菌が増えています。ラクトバチルスはグルコースを乳酸に代謝する細菌、そしてヴァイロネラという細菌は乳酸を酢酸、プロピオン酸に分解する細菌です。これらの細菌のなんらかの原因による増加が酢酸などを増やし、症状を悪くしている可能性があります。

低ＦＯＤＭＡＰ食を実行すると、酢酸などの代謝産物は減り、腸内細菌は減ることになります。

これが長期的に腸にどのような変化をもたらすのかは、まだ検討の余地があります。ただし、二〇一七年にイギリスとイタリアから報告された論文によると、それぞれ六ヵ月以上、三ヵ月の低ＦＯＤＭＡＰ生活では栄養上の問題はないばかりか、古典的な特定炭水化物食（ＳＣＤ）よりおなかの症状を改善し、ビタミンＤと葉酸欠乏を起こさないことまで判明しています。

したがって、毎日を下痢《げり》、便秘《べんぴ》などの不快な症状で「いま」悩んでいる患者さんは実行してみる価値があるでしょう。

薬との併用について

薬を飲むより食生活を変えることによっておなかの調子がよくなる方が、ずっと好ましいと考えている人は多いでしょう。

自主的におこなうことができ、薬代もかかりません。

ただ、低ＦＯＤＭＡＰ食だけで症状が改善しづらい人にとっては、医師と相談しながら、自分に合った薬を探していくのも一法です。

現在、日本で使える薬としては、「イリボー（下痢の多い人に使う）」「コロネル（便秘や、便秘と下痢を繰り返す人に使う）」「リンゼス（便秘の多い人に使う）」「セレキノン（腹痛や違和感など知覚過敏ぎみの人に使う）」漢方薬などがあります。

適宜、医師に効き目を報告し、よく相談しながら自分に合った薬を探していきましょう。

逆流性食道炎や潰瘍性大腸炎、クローン病への応用もある

低ＦＯＤＭＡＰ食は、炎症性腸疾患《しっかん》（潰瘍《かいよう》性大腸炎〔ＵＣ〕とクローン病〔ＣＤ〕）の人で、炎症を治療して効果が出ているのに腸の症状が治まらない人に効果的です。

潰瘍性大腸炎患者の三分の一、クローン病患者の二分の一以上が過敏性腸症候群を合併しています。

つまり潰瘍性大腸炎の治療がうまくいっているのにおなかの症状が治まらない人は、潰瘍性大腸炎に過敏性腸症候群が合併している可能性があるのです。

海外のさまざまな論文によると、この低ＦＯＤＭＡＰ食は炎症性腸疾患（ＵＣとＣＤ両方）の症状を改善するのに有効であることがわかってきました。

低ＦＯＤＭＡＰ食は過敏性腸症候群の患者さんだけに有益なものではないのです。

炎症性腸疾患をもつ人は、一般の人よりも乳糖（ラクトース）と果糖（フルクトース）の吸収不良をもっている率が高いことが研究からわかっています。

もしあなたが炎症性腸疾患の患者さんで、過敏性腸症候群の症状もあわせもっていそうなら、低ＦＯＤＭＡＰ食を取り入れてみると症状が改善する可能性があります。

狭窄《きょうさく》のないイレウス（腸閉塞《へいそく》）を繰り返している人にとっても、低ＦＯＤＭＡＰ食は大腸内の過剰なガスを減らすので効果的です。また憩室《けいしつ》で悩んでいる人にとっても、低ＦＯＤＭＡＰ食は効果的です。

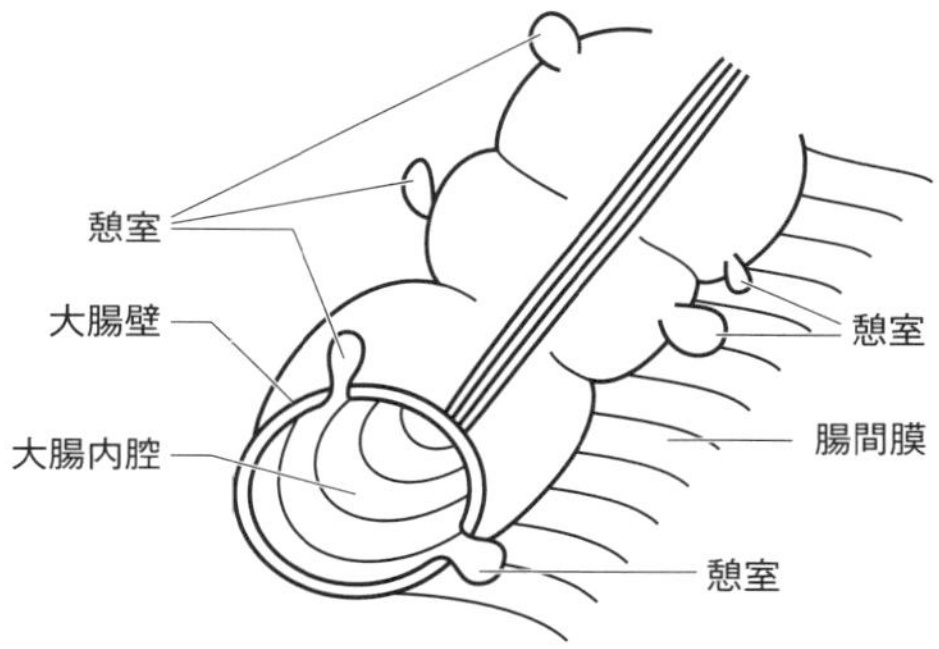

図22　大腸憩室

近年、日本では食生活の欧米化に伴い、また高齢社会の到来により大腸憩室とその合併症《がっぺいしょう》である憩室出血（憩室から出血して下血する）、憩室炎（憩室に炎症が起きてひどい場合には憩室が穿孔《せんこう》〔穴があいて〕腹膜炎を起こす）が増加しています。（Japanese Journal of Medicine 1983）米国でもこの約三〇年のあいだに憩室炎の発生率が明らかに増加しています（二〇〇〇～二〇〇七年の憩室炎の発症率は、一九九〇～一九九九年に比較して五〇％も増加し、より若い人で顕著です）。（The American Journal of Gastroenterology 2015）

大腸憩室は、過剰なガスが大腸内で発生すると、ガスにより腸の弱い部分が外に押し出されてくぼんでしまうものです。

このくぼみの粘膜《ねんまく》の血管は引き延ばされていることから破れやすく、破綻《はたん》して憩室出血を起こします。

また、このくぼみに細菌が繁殖《はんしょく》し、炎症を起こすと憩室炎を起こします。

大腸憩室の症状は六〇％は無症状ですが、二五％に腹痛、おなかの張りなどを認めます。残り一五％に憩室炎、穿孔、狭窄《きょうさく》、出血などの重度な合併症を起こします。(Gastoroenterol Endosc 2005)

低FODMAP食を選択することで、おなかのガスが減り、憩室の増加や合併症を抑えることが期待されます。

腸閉塞は、開腹手術の後に生じた癒着《ゆちゃく》などによって、腸管の通過障害が生じ、ガスが溜まって腹痛、嘔吐《おうと》などが生じる病気です。

慢性的に腸閉塞で悩んでいる人にとって、ガスを減らす食事である低FODMAP食は応用可能な選択だと思われます。また、ガスによる胃の圧迫が減ることで逆流性食道炎にも効果が期待されます。

笑顔が多い人はなぜ長生きするのか

最近の医学のテーマで、「部分と全体」というテーマがあります。

すなわち、脳と体、ひとつの臓器と全身の健康の関係です。

私たちは、体は脳に支配されており、脳が感情を決めて、脳が感じたことを体が影響を受けているにすぎないと考えてきました。

しかし、最近は、体の部分が脳の働きすら決めているのではないかと考え方が変わってきたのです。

つまりこういうことです。

脳が悲しいと感じたから、泣くのではない。

泣くから悲しいのだ。逆に表情筋を動かし利用することで、脳を操れるのです。

それを裏付けるデータもたくさん出てきています。

たとえば、口角《こうかく》を上げる。それだけで脳からは幸せホルモンであるセロトニンが出ることが、ｆＭＲＩという検査でわかってきています。(Sience 2007) それだけではありません。

メジャーリーガー一二三〇人の顔写真を見て解析した研究があります。

これによると、笑顔の表情の度合いが大きいほど、長生きしていることがわかりました。

これらのデータを見ると、他人にほほえみかけるのは、他人のためではなく、自分のためであることがわかります。自分のために笑いましょう。
普段から口角を上げて、笑っているだけで幸せになれるだけではなく、長寿にもなれる
のですから。ぶすっとしていると早死にしてしまいます。

自分をどれだけ「かいかぶる」ことができるか

あなたは、ひそかに自分は「特別な人間」だと思っていませんか？

「私は、いまはまだ少し『イケてない』けど、いずれは『光る』人間になるんだ」

正しい。

そういう想いをもっている人の方がうまくいくのです。

人生を心身ともに健康に生きていくためには、「自分を過大評価していい」ということ
がわかってきました。

私たち日本人には謙虚で自分に厳しい人が多いのです。あたかも、自分を過大評価する
ことを「禁じられている」かのよう。家庭や学校の教育の影響も大きいでしょう。

しかし、最新の脳科学の研究からわかっていることは、自分への「優越幻想
(Supreriority illusion)」が心身の健康を保つためにはとても重要だということです。

「自分は他人より性格がいい」「自分は他人よりも見た目がいい」「自分はあたたかみのあ

るよい人間である」。このように、人間は根拠なき楽観的なイメージを自分自身にもっているものだということが多くの研究でわかっています。

人間は、健康な心の状態にいるうちは、自分に対してこのような「ポジティブな幻想(Positive illusion)」をもって生きているものなのです。

これが未来への希望であり、やる気の源です。よく、ポジティブな精神状態は人生や仕事の成功に必要だと言います。

逆に、この自分への「健康な過大評価」が低い人は、絶望感が強く、うつにもなりやすいことがわかっています。正確すぎる自己評価はうつをも生むのです。

自分を「かいかぶる」のは健康的なこと。「できるだけ自分はすごいんだ」と思って生活してみることも、打たれ強い自分をつくるのには必要なのです。

なにかちょっとうまくいったら、「私って、やっぱりすごい」「オレは確かに何かをもっている」「私はもともとツイている」と、ことあるごとにつぶやく習慣をつけましょう。

ストレスをはき出すと、おなかの調子がよくなる

とはいえ、人はいきなりポジティブにはなれませんね。

最近アメリカの心身医学会で発表された衝撃的なデータがあります。

じつは、「ある習慣」をおこなうと、過敏性腸症候群が改善し、おなかの調子がよくなるのです。

短い時間でかまいません。一日二〇分程度、週三回、エッセイのように、自分の人生においてストレスだと思ったエピソード、嫌だと感じた経験を全部紙に書き出す。

そのようにして、「自己開示（Self disclosure）」をまずすることが重要です。

おなかの不調な人は、ストレスをためこみやすいばかりか、自分の心に実際にはストレスになっていることにも自分で気づきにくくなっているようです。

がまんづよく、ひとりでがんばっていませんか。

誰にも相談できずに自分の心の中にあるものを、まずは自分の外にひっぱりだして、紙にバーっと全部書き出して、はき出してしまいましょう。

おどろくべきことに、この習慣を実行すると、おなかの調子がよくなるばかりか、慢性関節リウマチや気管支喘息の症状も改善することがわかっています。

体の痛みや苦しさには心が影響しているのです。

人は、いきなりポジティブな人間に変わることはできません。世の中はポジティブ・ブームです。なんだかネガティブな人間が悪いような気がしますが、心理学的にはネガティブな気持ちも人生の成功には役立っていることがわかっています。

ですから、順番が大事です。

まずはネガティブなことに着目して、体からどんどん出す。そして出したあとに、今度は物事に対する心のとらえかたをポジティブに変えていく認知行動療法なども試していくといいでしょう。

何も難しいことではありません。ネガティブに着目したあとで、今度はポジティブに変えていくのです。

次に人生に起こっているけれど気づきづらい「ちょっとしたいいこと」に着目していきます。それが「夜寝る前の習慣」です。

幸福感を確実に増やす夜寝る前の習慣

「Happy people live longer」（幸福な人は長寿である）という論文が権威あるサイエンス誌に報告されています。この幸福感と関係するのが、①感謝する心の姿勢、②楽観的であること、③睡眠の質、④セックスの頻度ということがわかっています。つまり、毎日感謝の心をもちながら、くよくよせず、質のよい睡眠をとり、言葉だけではなく、体のコミュニケーションも忘れずに、ということです。

この「幸福度」はいったい何で決まっているのでしょうか？

じつは幸福度を決める要素の五〇%は生まれつきの遺伝的要素によって決まっています。内向的、外交的、神経質などの気質（幸せの感じやすさ）は生まれたときにはすでに決まっているというのです。あとの一〇%が家族や経済状態などの環境要因。これじゃ、幸福になろうとしても無理じゃないかとあきらめてはいけません。

なぜなら、あとの四〇%は努力で幸福感を高められるのです。たとえマイナスからのスタートでも大丈夫。挽回できるのです。

どんなささいな小さなことでもかまいません。

遅刻したが息子の結婚式でなかったからよかったとか、妻のつくってくれたお弁当がおいしかったとか、電車で座れたとか、風邪をひいたが軽くてよかったとか、「小さなラッキー」を集めて感謝するのです。

過敏性腸症候群の患者さんを調査したところ、乳幼児期・成長期の強いストレスが関係していることが報告されています。

幼少期の虐待や強いストレスを受けていた人は、ストレス刺激に対して、胃腸が過剰な反応をすることがわかっています。恐怖やストレスに対する脳のとらえかたをだんだんとよい方向に変えていく習慣が大切です。神経ネットワークの中に前向きに考える思考回路をつくっていきましょう。小さな幸せに気づき、感謝する心のクセをつけていくことでストレスが減っていくのです。

ポイントは、心の中で感謝するだけではなく、書くということです。ペンシルベニア大学のセリグマン教授らが提唱した「ポジティブ心理学」では、毎晩寝る前に、その日あったよいことを三つ書き、これを一週間継続すると、その後、半年間にわたって幸福感が上昇し、抑うつ状態が改善されるといわれています。

書くだけで幸せになるのですから、今晩から習慣にしてみましょう。

また、自分で決めた肯定的な言葉（アファメーション）を毎日繰り返していくことも役に立ちます。「人生は必ずよい方向に向かっている」「あるがままの自分でいていい」などと唱えてみましょう。

夜、紙の本を読むと長生きができる理由

前述したように、夜寝る前の時間の質、睡眠の質が幸福感を決める上で重要だということがわかっています。この点で重要なことがわかってきました。

それは、「夜の電子書籍は睡眠を障害する」ということです。（Proc Natl Acad Sci USA 2015）

夜に電子書籍をスマートフォンやタブレットなどで読むと、そこから放射されるブルー

- 毎日寝る前に、一日にあったできごとをふりかえり、よかったこと、感謝すべきことを思い返す。

- そのうち３つを思い返すだけではなく、紙に書いて、感謝する。

　これを１週間続けると、半年間にわたり幸福度が上昇し、抑うつなどの症状も改善する。

（ペンシルベニア大学　セリグマン教授）

- ボランティアをしていると幸福度が高い。

- 口角を上げるとストレスが減る。

- 笑顔の度合いが高い人は長生きする（メジャーリーガー 230人の表情分析）

図23　科学的に根拠のある幸せ度アップ法

ライトによって、睡眠に導くホルモンである「メラトニン」の分泌《ぶんぴつ》が抑制され、睡眠が妨げられてしまうのです。

当然、睡眠が浅くなったり、サーカディアンリズム（生体リズム）が乱れ、それは胃腸の障害にもつながります。

それだけではありません。じつは「昼夜交代勤務の人にがんが多い」というデータがあるのです。昼間だけ勤務している人に比べると、夜間勤務の多い女性の看護師やキャビンアテンダントは乳がんの罹患《りかん》率が二倍、昼夜交代で働く男性労働者は前立腺《ぜんりつせん》がんの罹患率が三倍と報告されています。

原因は、光があたることでリセットされる「体内時計」がズレてしまうことです。体内時計がズレると、細胞回転に異常が起こり、がんが生じやすくなります。

その体内時計の針を調整しているホルモンが前述し

た「メラトニン」です。

メラトニンは抗酸化作用が強く、がんを予防する効果があります。

朝、光が目の網膜《もうまく》にあたると、その一五時間後に脳の松果体《しょうかたい》からメラトニンが分泌されはじめ、体を睡眠へと導いてくれます。夜勤などでそのリズムが乱れると、メラトニンの分泌が低下し、睡眠障害が起こったり、がんの原因にもなるわけです。長生きしたいならば、夜の電子書籍の読書はやめることです。

メラトニンは胃腸の症状をよくする

メラトニンは、胃腸の症状をよくすることがわかっています。よく下痢や腹痛などで悩む過敏性腸症候群の患者さんに、二週間メラトニンを就寝前に飲んでもらうと、腹痛や腹満といった症状を有意に改善させました。

また、おなかの中で生まれるガスは睡眠中に排出されるので、十分な睡眠をとることがおなかの調子を改善するのです。睡眠の質は、恋愛、出世、結婚よりも幸福に影響を与えることがわかっています。

朝、起きたらまずカーテンを開ける

不眠を改善するには何よりも体内リズムを整えることです。朝は起きたら、まずはカーテンを開けて、光を目にあてましょう。

前述のように、光が網膜に入ると、その一五時間後に睡眠ホルモンであるメラトニンが出るようにセットされ、睡眠のリズムが整います。

それだけではなく、脳内伝達物質であるセロトニンやドーパミンが分泌されます。

私は内科医ですが、軽症のうつ病の患者さんも診ています。彼らに共通するのは一日中カーテンを閉め切って薄暗い中生活していることです。

これではうつから抜け出すことはできません。朝、カーテンを開けることは心のカーテンを開けることにもつながるのです。

朝は思いっきり太陽を浴びましょう。すると、①睡眠と覚醒のリズム「体内時計」がセットされ、②心を明るくするハッピーホルモン（セロトニン）もつくられて幸福感も増します。

昼夜交代勤務の人は、①なるべく勤務中に仮眠をとる（寝るときは部屋を真っ暗にして眠る。暗くないとメラトニンが分泌されにくい）、②メラトニンの材料となる「トリプトファン」を多く含むバナナ、メラトニンの分泌を促す「オルニチン」が豊富に含まれたシジミをとること。オルニチンはすみやかにメラトニン分泌を増やしてくれます。③乳がんや前立腺がんのリスクが高いことをまずは知識として知っておくこと。かつ、その積極的な早期発見を心がける、などの対策が必要です。

また、メラトニンはビタミンEの数倍の抗酸化作用があり、アルツハイマー型認知症だけでなく、胃潰瘍を改善する作用も報告されています。

軽い運動をすると、数年後の幸福度が上がる

毎日一五分でいいので、軽いウォーキングやストレッチをしましょう。

軽い運動は自律神経を整え、ストレスも減らしてくれます。

ちなみに、「運動をすると、数年後の幸福度が上がる」という報告があります。運動をすると健康になりますから精神的にも充足感が出てきます。

逆に、いま運動しないと、数年後の幸福感はいまよりも下がってしまうというデータもあるのです。将来、幸福になりたかったら、将来への「幸せ投資」としてまずは運動をしてくださいね。週に二日以上運動している人は、していない人に比べてはるかにストレス度が低く、幸福度も高いのです。

運動のための「まとまった時間」は、一生訪れない

大人になると、子どものころのようなまとまった時間というのはなかなかとれません。忙しい中、毎日こつこつとやることをやるしかないのです。

たとえば、こんな経験はないでしょうか？

運動していないとき、「ああ、私は運動していない。またサボっている」と自己嫌悪になる。

これは運動する時間を生活の中に「割り当て」ていないからです。

繰り返しますが、運動する「まとまった時間」など一生訪れません。

ならば、毎日運動する時間を一日の生活の中に「割り当てる」のです。

たとえば、朝六時に起きて運動すると決めます。

いったんこう決めてしまえば、いま運動していないのは、サボっているからではなく、「運動する時間が来ていないからだ」と思えます。

いま運動していないのは、自分がズボラだからではなく、「運動する時間が過ぎたからだ」と思えるのです。

できれば朝やってしまった方が、その日一日を「やることはやった」という、すがすが

しい気持ちで過ごすことができます。

まとまった時間をとって運動するのではなく、毎日の生活の中に運動を割り当てる、これが自己嫌悪にならず、運動を長続きさせるコツです。

キーワードは「STRESS」

認定産業医である山本晴義先生は全国のうつの患者さんの治療をしている医師です。彼が提唱しているのは「ストレス一日決算主義＝ＳＴＲＥＳＳ」です。

これはストレスをためないライフスタイルのことで、そのためにはどのようにすればよいのか、「ＳＴＲＥＳＳ」の頭文字を使って表しています。

Ｓはスポーツ、Ｔはトラベル、Ｒはレクリエーション（レスト＝休息）、Ｅはエンターテインメント（楽しみ・遊び）、イーティング（会食）、Ｓはシンギング（音楽・歌うこと）、スピーキング（会話）、スリーピング（睡眠）です。

大切なことは、いくつかの種類のストレス解消法をふだんから見つけておくことです。これをすると気分がよくなるという「切り札」を見つけておきましょう。

とくに過敏性腸症候群の人は、一度にたくさん食べずにゆっくり食べる習慣をつけましょう。回転率の高いレストランを避けて、ゆっくり食事ができるところで食べましょう。

ひとりでお弁当でもかまいません。それから、好きな音楽をiPodなどに入れておき、ふだんから大好きな音楽を聴きながら食事をしてみてください。

「おなかの痛み」イコール一〇〇％「腸の痛み」ではない

最後にひとつだけ忠告を。おなかの痛みイコール一〇〇％腸の痛み、と思わないでください。胃の裏の膵臓《すいぞう》にがんがあったり、胃の右にある胆囊《たんのう》の胆石の痛みがおなかに響いたりすることがよくあります。そのおなかの痛みが腸に原因があるのではなく、膵臓、胆囊、胆管、肝臓などの胃腸の周辺臓器の病気でないかどうかを確認する必要があるのです。そのために、おなかの不快感がある場合には、胃腸の内視鏡といっしょに腹部エコー検査や腹部ＣＴ検査もしてもらってください。

成功している人は「見た目」がよい

●見た目がよい人は年収が高い

一流の「できる男」は年収が高いというイメージがありますね。

女性にとって、美容やエステは興味や喜びの対象です。

おなじように、男性にとっては、富・お金・成功が大きな興味の対象のようです。

では、リッチな男性の特徴はどんなものなのでしょうか？

そのひとつが、「見た目」がよいことです。

そんなバカな！　信じられない！　と思うかもしれません。

でも、本当のことなのです。

最近の研究でわかってきたことは、「見た目がいい人は年収が高い」ということです。

見た目が若い、見た目がよいということは、いまや「第四の資産」と言われています。

これまで言われていたように、第一の資産は、お金の資産です。不動産、金などを指します。

第二の資産は、人的資産。つまり人生の中で獲得してきた人脈やネットワークです。第三の資産は、学問的資産。学歴や知識をいいます。

そして、第四の資産が、「見た目」だというわけです。

昔の日本人は、「人は見た目で判断してはいけない」と小さいころから教えられてきたものです。しかし、大人になってよくよく考えてみると、子どもならまだしも四〇～五〇歳を迎えたいい大人が挙動不審だったり、目つきがおかしかったりしたら、やはりその人は怪しいと思って距離をとるなどの対処をするものです。

●人間が生きていく上で大切な脳の能力は「見た目」を判断する能力

学生の試験監督をしているとわかることは、カンニングをしようとしている学生の特徴は、視線がキョロキョロと宙をさまよっていることです。カンニングをしようとしている学生が一番気をつけて観察している対象が、試験監督の視線なのです。「試験監督がどこを見ているのか」察知し、試験監督の視線のレーダーをうまくかいくぐらねば、カンニングは失敗し、試験は失格になり、大学を退学になる危険があります。試験という場は、われわれの社会におけるいわばサバイバルゲームの中のひとつの象徴です。

私たちが社会でうまく立ち回り、勝ち抜くために重要なのは、相手の視線がどこに向いているのか、自分に視線が向けられているのかを察知する能力なのです。そして視線を認知する脳の場所は「上側頭溝《じょうそくとうこう》」という溝の近くの大脳皮質です。

もうひとつ社会で勝ち抜く上で大切な能力があります。

それは、相手が危険な人物であるかどうかをきちんと見分ける脳の力です。

これは、ヒトが生きていく上で非常に重要な能力で、進化の中できちんと保存されている脳の能力なのです。

この能力は脳の「扁桃体《へんとうたい》」という場所がつかさどっています。扁桃体は、自分の身に危険や脅威がせまっていることを示す信号を解読する場所なのです。

扁桃体の実験は、サルで多くおこなわれています。サルの扁桃体を壊す手術をすると、脅威であったヘビを怖がらなくなり、平気でわしづかみするような危険行動に出るようになります。サバイバルのために扁桃体は重要なのです。

人間でもおなじです。他人の顔を見せて、その人を信頼できるかどうか質問する実験がありますが、「この顔は信用できない」と思う顔を見たまさにそのとき、扁桃体が強く活動していたのです。（Nat Neurosci 2005）

したがって、人間社会の中で、またビジネスの世界で成功するためには、他人の扁桃体を刺激せず、まず他人に信じられ、心を開いてもらえ、場面によっては憧れられる存在たる見た目になることが必要だということです。

そう考えると、「成功している人は見た目がよい」ということにも納得がいきますよね。

見た目は、生まれつきだけでは決まらない

では、さっそく見た目の例を挙げたいと思います。

次ページの**図24**の写真の男性の顔は一体何を示しているのでしょうか？

この男性の職業が何かおわかりでしょうか？

ヒントは、顔の左右差にあります。

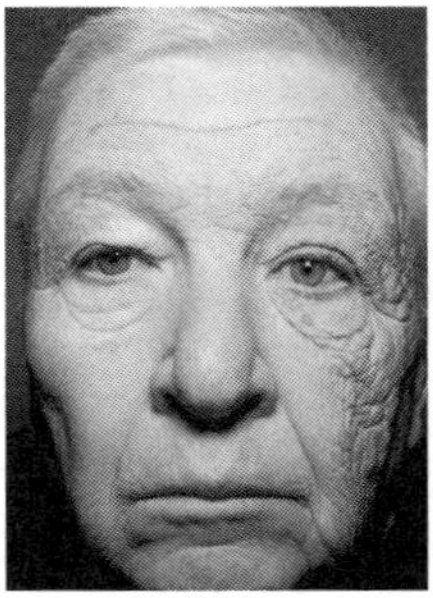

図24　光老化が促進し、左右差があらわれている（N Engl Med 2012）

じつは、この男性は、トラック運転手です。彼は二八年間、顔の左半分にサイドガラスから直射日光を浴び続けた結果、当たっていた部分だけ老化（光老化）が促進したのです。外国ですから、トラックは左ハンドルです。つまり左側から日光が当たりやすいわけです。このように見た目は、生まれつきだけで決まるわけではなく、一日一日の小さな積み重ねが結局は大きな見た目の差を生むのです。

生まれつきですべてが決まりはしない証拠！

それでも「どうせ、自分は生まれつき見た目が悪いから、もうしょうがないんだ」という「運命」信者・「遺伝」信者のあなたにはこれを見ていただきましょう（図25）。

写真のふたりが示していることはなんでしょうか？

じつはこのふたりは姉妹です。それも一卵性双生児《いちらんせいそうせいじ》です。

つまり、遺伝子《いでんし》は一〇〇％おなじです（二卵性双生児は五〇％遺伝子がおなじ）。

遺伝子はまったくいっしょで、おなじ年の、おなじ時間に生まれています。

単に時間の経過という意味では、時計の針はおなじ場所を示しているのです。

しかし、大きく見た目がちがいます。

左の女性は、シワが多く、歯も黄ばんでおり、右の女性よりもずっと歳をとって見られます。対照的に右の女性は若々しく、笑顔も輝いていますね。

「時間の経過」はおなじでも、「生物学的」には左の女性の時計の針は速く進んでしまっているのです。

このふたりのちがいをもたらしているもの、それは生活習慣でした。

左の女性は喫煙をしており、右の女性は喫煙をしていなかったのです。

喫煙するかしないかという後天的な生活習慣の差で、時間的な年齢（「クロノロジカル・エイジ」）はおなじでも、生物としての年齢（「バイオロジカル・エイジ」）はこれだけ変わってしまうということを教えてくれているのです。

天が決めた運命の中で、私たちの人生のすべてが決まるわけではありません。

私たちは、正しい科学的知識をもち、それを実際に行動に移すことで、自分の運命すら変えることができるのです。

手相すら自分で動かし、変えていこうという意気込みをも

図25　一卵性双生児の姉妹

って生きていきたいものです。

ちなみに、右の女性のように、自然に歳をとっていくことを、生理的老化といいます。それに対して、左の女性のような「時計の針を人為的に速めてしまう」異常な老化を、病的老化と呼びます。生理的老化は避けることはできませんが、病的老化は取り除いたり、予防することができます。私たちが仕事で一〇〇%のパフォーマンスが出せるようになるためには、体の一部分だけが衰える病的老化をできるだけ避けて、全身の均一な生理的老化にとどめることが必要なのです。

図26　ローレンとバルドー

このことは、科学的にも裏付けられています。

一卵性、二卵性双生児の研究によりわかったこと、それは、寿命決定における遺伝的要素は、二五%。それに対して、生活習慣などの環境要因は、七五%。すなわち、遺伝要因より環境要因の方が、三倍も多いということです。

ふたりの絶世の美女の「見た目」が示していることとは?

ソフィア・ローレンとブリジット・バルドー（図26）は、若いときに絶世の美女と言われ、世界中の男性の心をわしづかみにしました。この二人はおなじ一九四三年九月生まれなのでよく対比されます。

しかし、次の写真（図27）で、同じ七五歳頃のふたりを見ると、大きく見た目に差ができてしまいました。

ソフィア・ローレンは、いつ映画出演の声がかかってもいいようにと食事と運動に気をつけて、生活を厳格にコントロールしていました。

図27　ローレンとバルドー

それに対し、ブリジット・バルドーは、奔放《ほんぽう》で乱れた生活をしていたことで知られます。

この写真は、見た目を若々しく保ち、生物学的な時計の針をゆっくり進ませるのも、早送りするのも、私たち次第だということを如実に示しているといえるでしょう。

見た目は単なる「美容」の問題ではない

見た目というと、男性の中には、「見た目なんて俺たち男性に関係ないよ」と無関心を決め込む人もいるでしょう。

しかし、ちょっと待ってください。

少し昔は顔のシワというと、単に紫外線による光老化などの問題と考えられてきました。ところが、最近は顔のシワは、骨粗鬆症《こつそしょうしょう》も大きな原因になることがわかってきました。

つまり、骨粗鬆症が進むと、顔面の骨もスカスカになり、ゆがむようになるのです。骨粗鬆症で背骨が曲がったりゆがむのとおなじです。骨粗鬆症による顔の骨のゆがみがシワやたるみにつながるというわけです。

つまり、顔面のシワは骨粗鬆症などの全身の状態を反映した重要なサインととらえるように医学の考え方が変わってきたということです。

シワの治療は美容を専門とする形成外科医や皮膚科医のみが対策を考えればいいわけではなく、整形外科医や内科医も含め各科の医師が協力しながら総合的に一人の患者を診ていく時代になったといえるでしょう。

見た目は全身のパフォーマンス力や強さをを反映する重要なもので、腸の見た目も同様です。

見た目が若い人は、寿命が長く、細胞の状態がよい

最近の研究から、驚くことがわかってきました。

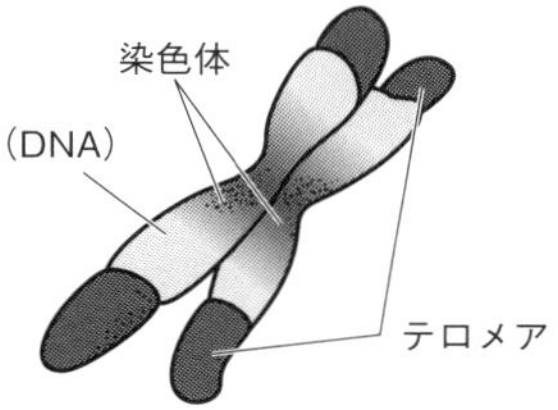

染色体：細胞の核内にあり、長いDNAを内部に収容するたんぱく質からなる

DNA：二重螺旋の分子構造をもつ、遺伝情報をつかさどる遺伝子の本体

テロメア：染色体の両端にあり、遺伝には関与しない

・細胞には、寿命の切符がある。それが、テロメア。
・見た目＝寿命＝テロメア

・見た目が若い人の体を調べてみると、血管や血液、また心臓や脳、胃腸などの臓器の状態がよく、それを構成する細胞や神経も若々しい。

・見た目が若い人はテロメアが長く、寿命が長い。

・ただし、テロメアの長さも、寿命も、すべて生まれつき決まっているわけではない。

生活習慣や食生活、運動などで変えることができる。

図28　見た目が若い人はテロメアが長い

それは、見た目が若い人は、確かに長寿である、ということです。

見た目の年齢が寿命の指標になる(BMJ 2009)のです。

この「双子研究」では、七〇歳以上の双生児一八二六名を追跡調査し、外見的な年齢と寿命および加齢の表現型との関係を検討した研究です。

その結果、双生児のうち老けて見える方が先に死亡することが多く、年齢差が大きく見えるほど、この傾向は顕著《けんちょ》だったのです。

また、外見的な年齢は機能的、また分子生物学的な加齢の表現型とも相関していたのです。つまり外見の若さは細胞の若さと関係していました。

人間の細胞には、「命のロウソク」がある

じつは人間の細胞には、命のロウソクがあります。

この命のロウソクがしだいに短くなって、ロウソクが燃えつきてしまうと、細胞はそれ以上分裂できなくなって死んでしまうのです。

この命のロウソクを「テロメア」と呼びます（図28）。

図28のように、人間の遺伝子（DNA）をしまっている場所を染色体《せんしょくたい》と呼びます。

このX《エックス》の形をした染色体の四隅には、テロメアという構造物があります。

人間の細胞は、分裂するたびにこのテロメアが短くなる仕組みになっています。

この双子研究でわかったことは、見た目が歳をとっていると判断された双子の方が早く死んでしまうということ。

もうひとつは、見た目が若い方が、この命のロウソクであるテロメアが長いことです。

見た目は、命の寿命まで反映しているものなのです。

そして、このテロメアの長さは、やっぱり生まれつきすべて長さが決まっているわけではありません。

テロメアの長さは加齢にともなって短くはなっていきますが、生活習慣や食生活、運動

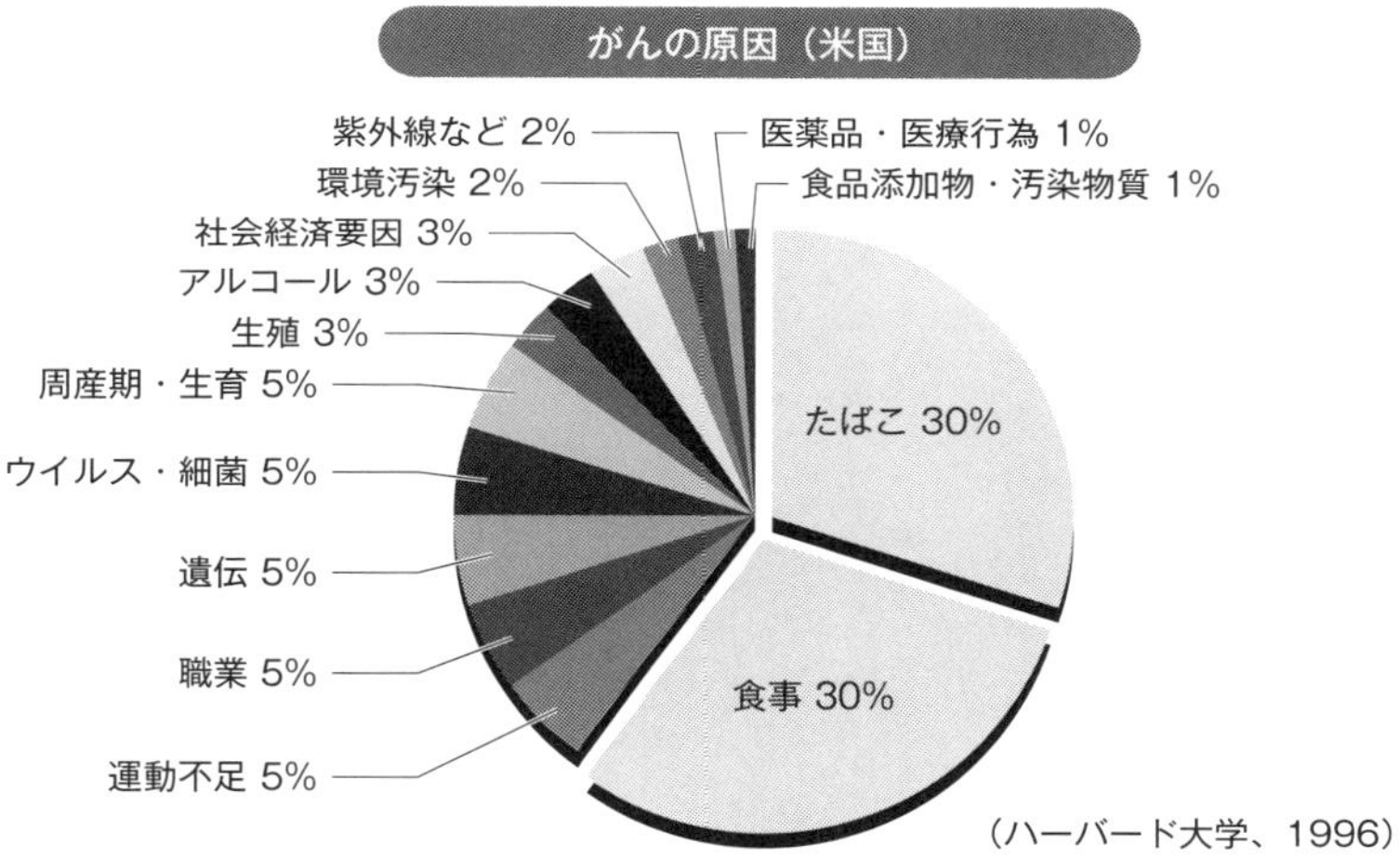

図29　がんの原因も、老化の原因と共通
→老化が防げれば、がんも防げる

などで長く保つことができるのです。たとえば、喫煙するとテロメアは短くなってしまいます。それに対し、運動をすることで、テロメアは長く保つことができます。食べものでは、青魚に多く含まれているＥＰＡ（エイコサペンタエン酸）やぶどうの皮に含まれるレスベルトロール、ほうれん草やブロッコリーに含まれる葉酸にこのテロメアを長く保つ作用があるのです。ここに挙げたものはすべて低ＦＯＤＭＡＰ食です。

がんも老化が防げれば予防できる

じつは、がんも病的老化を避けることで予防することができます。

がん細胞で起こっている遺伝子的変化

は、老化で遺伝子に起こる変化と共通のものが多いのです。

実際、たくさんの種類のがん細胞では、「細胞老化」という変化が生じています。

病的な老化はがんのもとになるのです。

みなさんはがんというと、老化といっしょで、生まれつき遺伝で決まっているもので、自分の力で避けることはできないものだと思い込んでいる人も多いでしょう。

しかし、図29で示すように、がんにおいて遺伝の要素は、たった五％しかないのです。

それに対し、がんの原因において、三〇％がたばこ、三〇％が食事、五％が運動不足、アルコールが三％です。遺伝の要素がたった五％しかないのに対し、食事やたばこや運動不足、アルコールなどの後天的な要素が非常に大きいことがわかるでしょう。

がんも病的な老化も自分の力で予防できるのです。

人間の体は樹木、原因があって病気がある

さて、人間の健康は樹木にたとえることができます。

病気や症状は「葉」の部分です。

現代の医療では、患者さんは心筋梗塞《しんきんこうそく》があれば循環器内科、胃がんや大腸がんがあれば消化器科、脳梗塞があれば神経内科、糖尿病があれば内分泌代謝科に受診します。

そしてそれぞれの科から二種類の薬が出て、三つの科にかかれば、もうそれで六種類の薬が出ることになります。

しかし、このような現代の「縦割り」の臓器別の医療では、診療科ごとにそれぞれの症状（血圧が高い、血糖値が高い、腹痛がある、など）に対してあくまでも薬で抑える対症療法がおこなわれているにすぎません。

本質的なことをいえば、高血圧、糖尿病、がん、脳梗塞などの病気には共通の「幹」があり、見えない地面の下には共通の「根」があるのです。

つまり、食事が間違っていたり、運動が不十分だったり、生活習慣がよくなかったり、生きがいを失っていたりという「根」があるのです。病気とはこれらの悪いものが表現された葉にすぎないのです。

ですから、ここの根を正すことで、六つの薬がふたつに減るかもしれませんし、うまくいけば薬を飲まなくても済むようになるかもしれません。

この本では強い腸をつくるために、食事、とくに低ＦＯＤＭＡＰ食という視点から病気の「根」を治療し、強い腸をつくるコツを伝授してきました。

そしてもっと言うなら、病気を治療することは大切ですが、より重要なことは、病気にならないことです。それが「予防医学」です。

予防医学とは、病気を予防するために、さまざまな観点からひとりの人間を横断的、総合的に診る医学です。これからの時代の医学はこのような観点がもっと求められてくるにちがいありません。

ところが現代の医師は患者さんを目の前にしたとき、患者さんがかかった病気や薬の知識はたくさんあっても、「どうしたら病気にならないか」「病気にならない予防法」についてはあまり知識もありませんし、説明もできません。

低FODMAP食が人間の「根」である腸を回復する

とくに病気にならないために重要なのが「食」です。

食によって一番影響を受けるのが、人間という「樹木」の「根」に相当する腸なのです。

低FODMAP食は、これまで説明したとおり、小腸の負担を減らす食事です。

現代の食事の中には消化しづらい高FODMAP食が非常に増えています。

FODMAPは、もともと人間が持っている消化酵素では分解・吸収できない糖質です。分解したり、吸収できないものをたくさん毎日おなかの中に放り込まれたら、小腸だって調子がおかしくなるはずです。

高FODMAPを大量に含んだ、パン、ピザ、パスタ、ダイエット飲料や甘いジュース、ヨーグルトなどの乳製品や大ブームの発酵食品、上限を考慮しない食物繊維の推奨……。

その結果、日本人の腸は悲鳴を上げています。腸の病気が激増しているのです。

次ページの**図30**は日本の潰瘍性大腸炎の患者数、左の**図31**は日本のクローン病の患者数の推移です。

すさまじい勢いで右肩上がりに増えています。

潰瘍性大腸炎やクローン病はそれぞれ、大腸、大腸と小腸を含む全消化管が原因不明の炎症を起こす病気で、いまだ確固とした原因がわからないため難病に認定されています。特に一〇代から二〇代といった若い年齢層で病気が現れます。

オーストラリアのモナッシュ大学のピーター・ギブソン教授は、**「クローン病の原因は高FODMAP食ではないか」**という仮説を発表しています。実際、低ＦＯＤＭＡＰ食を実践すると、潰瘍性大腸炎もクローン病も症状が有意に改善します。

病気を根こそぎ治す。病気にならない体をつくる。そのためには食をまずはあらためることが重要なのです。これまで述べたように、見た目は生物学的な強さを反映したものです。若く見られることは長生きにつながり、実際に細胞も強いということ。若くはつらつとした見た目の腸は、粘膜も強くたくましく、分子生物学的にも強いのです。

では、低ＦＯＤＭＡＰ食が腸の見た目もよくすることをお話ししましょう。

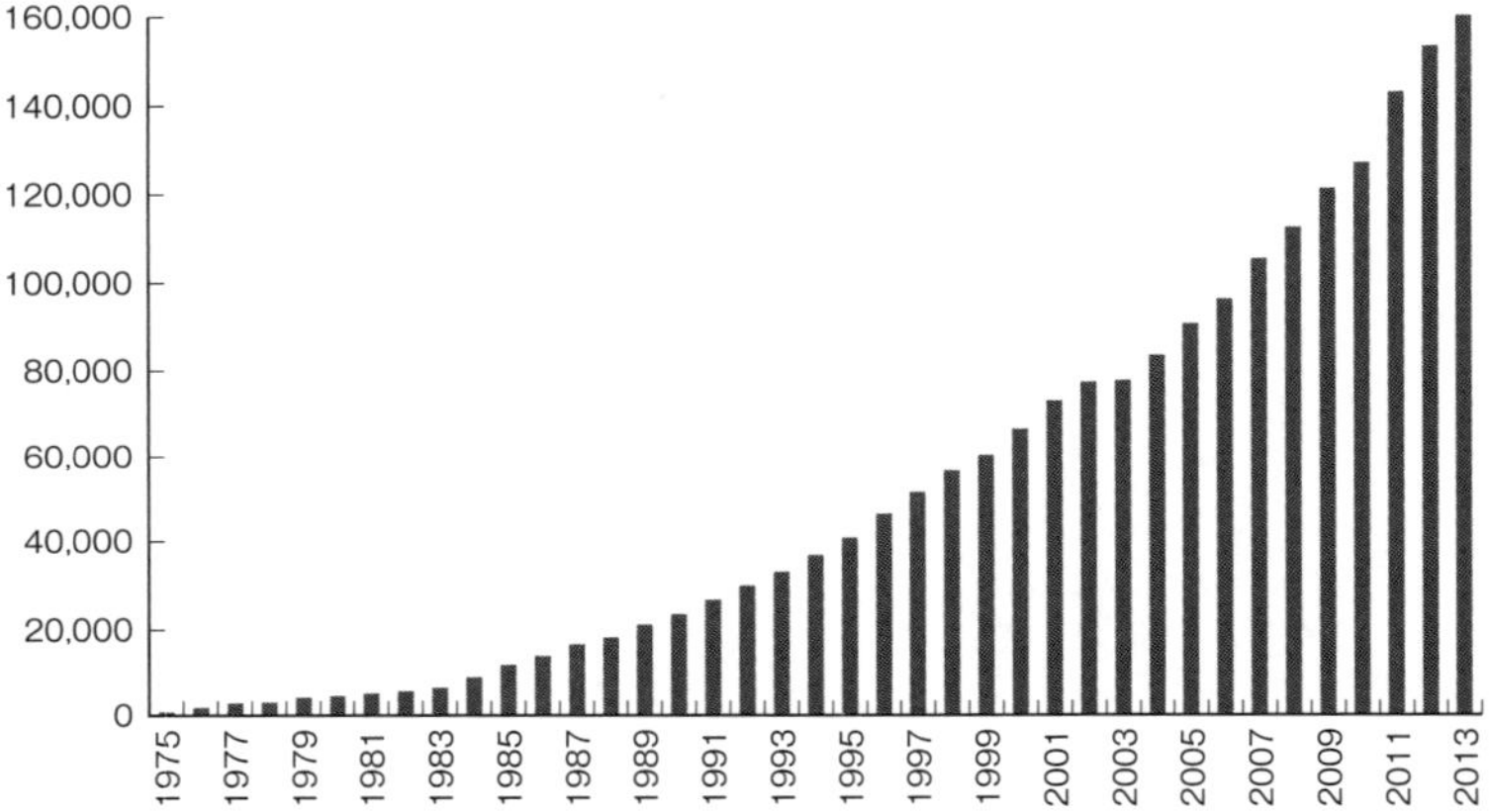

厚生労働省衛生行政報告例の概況より

図30　潰瘍性大腸炎患者の増加が日本で著しい

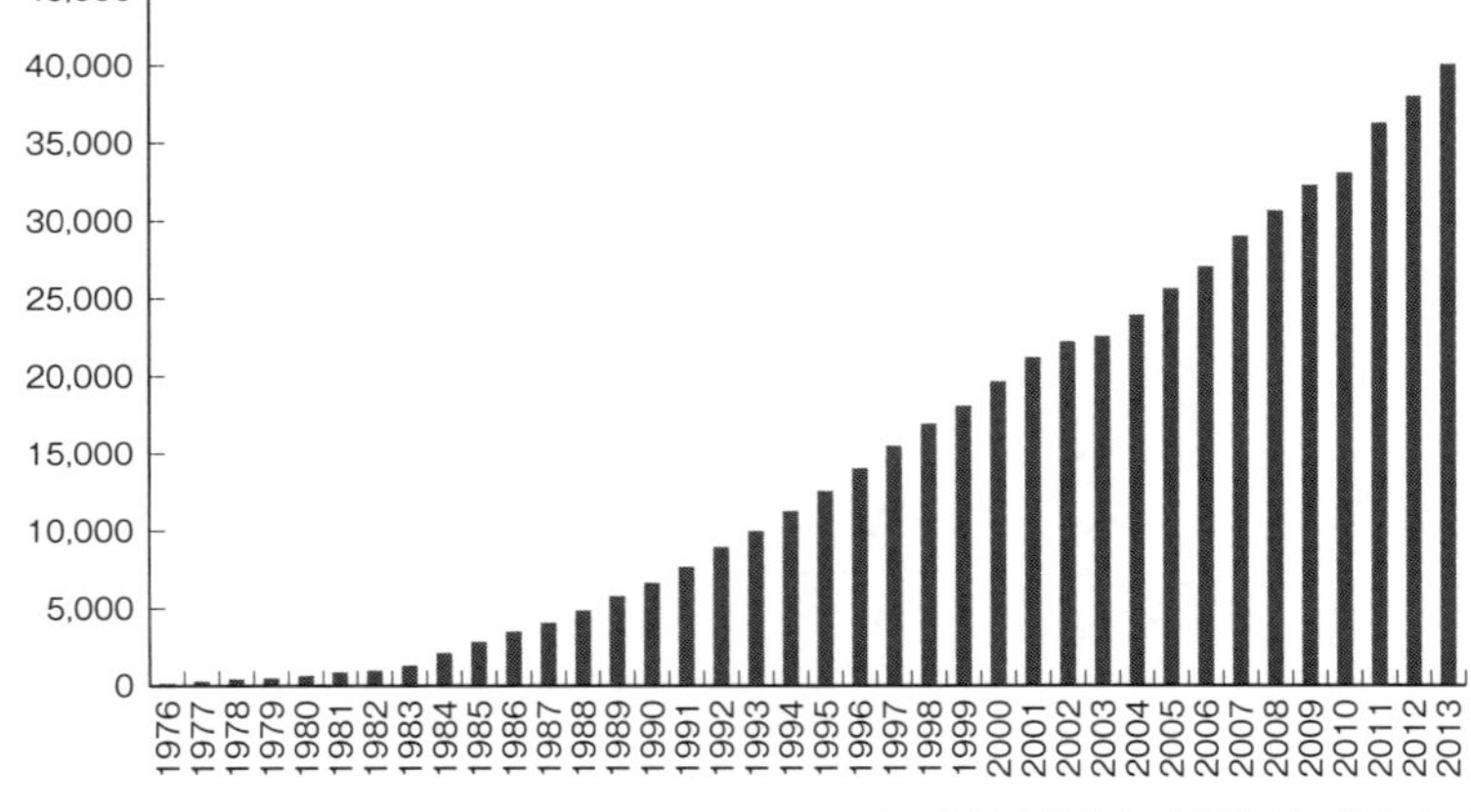

厚生労働省衛生行政報告例の概況より

図31　クローン病患者の増加が日本で著しい

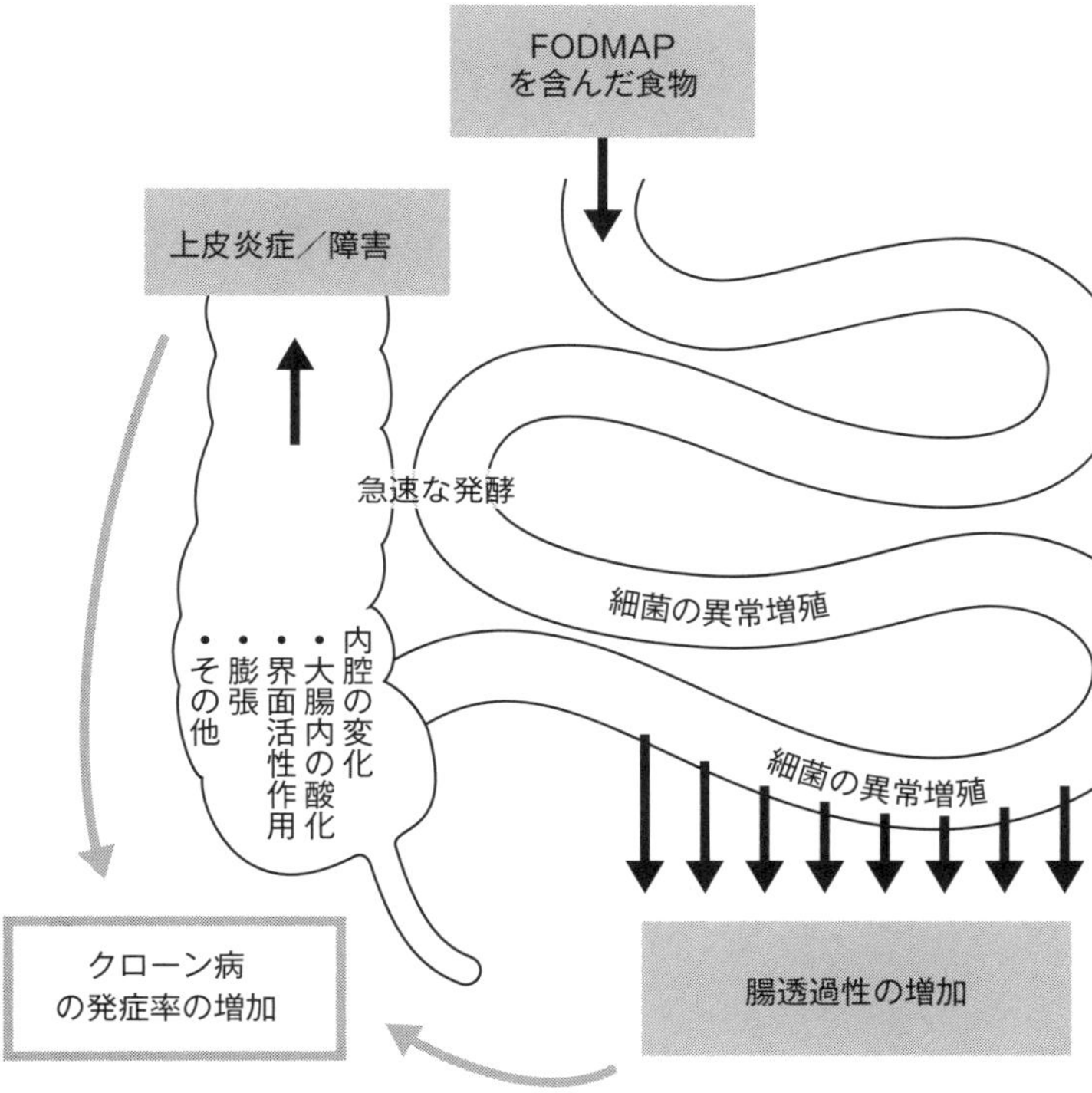

高FODMAP食を取りすぎることで、腸管内の細菌の異常増殖に伴い、急激な異常発酵が起きる結果、過剰な酸が産生される。腸管内でガスが過剰につくられ、腸管はひきのばされ、腸管の透過性が高まり、粘膜が損傷されクローン病が発症する。　　　　　ギブソン教授のイラスト（Aliment Pharmacol Ther. 2005）

図32　高FODMAP食がクローン病をつくる

第七章　「見た目が若い」は腸によい食生活から

高FODMAP食が腸の「見た目」を損なう

毎日、大腸内視鏡で人の腸を観察していてわかることは、やはり腸の健康にも見た目が大きく関係しているということです。

病気がない人の腸は、のびがよく、つややかでやわらかい。

それに対して、糖尿病《とうにょう》や肥満、高血圧、高脂血症、大腸がんなどの病気をもっている人の腸は、硬く、けいれん気味です。

また、腸の粘膜《ねんまく》にたくさんの憩室《けいしつ》というくぼみをもっています。

腸の中にたくさんガスがたまるような人は、腸の中の圧力がガスによって高まります。この腸管の内圧の上昇によって粘膜が外に押し出されて、憩室ができてしまうのです。この憩室があると、このくぼみの中で細菌が繁殖《はんしょく》して、炎症を繰り返し起こします。

この憩室炎を繰り返していると、腸管がいつしか硬化して細くなってしまいます。

また、憩室があると、腸管の粘膜がいろいろな有害なものを通しやすくしてしまうのです。これを透過性の亢進《こうしん》といいます。

これが今話題の「リーキーガット症候群」です。リーキー（Leaky）とは、（漏れやすい）。ガット（Gut）とは、腸のこと。腸がだだもれ状態になり、腸管内の毒素が体内に侵入しやすい状態になることです。

このように、腸にも見た目が大切なのです。

じつは、この腸の憩室という見た目の悪さ、FODMAP《フォドマップ》食がつくっている可能性があるのです。

FODMAP食を食べるとこれまで述べてきたように、大腸で大量のガスがつくられるようになります。

このために、大腸の内圧が上昇し、腸壁の弱いところが押し出されて、くぼんでしまい憩室ができるというわけです。

FODMAP食は大腸の見た目を損ない、腸の健康を損なうのです。

腸の調子が悪い人は、食事法の「常識」に裏をかかれている

ここであらためて覚えておかなくてはいけないことは、腸の症状で悩まされていない無症状の人と、ふだんから、下痢《げり》や便秘《べんぴ》、おなかのゴロゴロ、痛みなどで悩まされている人では、大きく理想の食事法が異なることです。

ところが、とくにふだんから腸の調子が悪い人が、一般的な腸の「常識」についての食事法を実行して、かえって調子が悪くなってしまっている人が多いのです。

「トクホ」でかえって調子が悪くなる！

たとえば、腸の調子を整えるといわれている「オリゴ糖」。

一般的な常識では腸の調子を整えるといわれているオリゴ糖入りの食品は、健康によい影響を与えるということで「トクホ」の認定を受けています。

そのほか、ヨーグルトなども腸の調子を整えるということでよくとられています。

しかし、じつは、このような成分がおなかにいいからと食べることでかえって調子が悪くなっている人がいることが最近わかってきたのです。

ですから、腸の調子がいい人がとるべき腸を整える食事法と、腸の調子が普段から悪い人がとるべき腸を整える食事法とは異なるものだったのです。

ヒトは腸から老化する

いつまでも若々しく生きるには、腸を若く維持しなくては不可能。

いくら肌や外見をきれいにしていても、腸をケアしなくては本当に長生きはできないということがわかってきました。

腸の中は、目で見えない場所ですから、なかなか状態を自覚できない場所です。

これまでは、漠然《ばくぜん》と腸にいいからと、せいぜいヨーグルトや整腸剤を飲むくらいが私たちにできることでした。

しかし、最新の研究から、とても健康のためになることがわかってきたのです。

それは、「ヒトは腸から老いる」ということ。

ええ？「ヒトは血管から老いる」という言葉は聞いたことはあるけど、本当なの？

という声が聞こえてきそうです。

はい。本当です。

あなたが自分の体を本当に理解し、長生きするためには、私たちの腸の中に棲んでいる腸内細菌《さいきん》を理解しないことにははじまらない時代になったのです。

あなたの体の中に存在する細胞は三七兆個。

それに対して、あなたの腸の中に棲んでいる腸内細菌数はなんと、数百兆個。

つまり、自分の細胞よりも多くの数の細菌が、あなたの腸の中には棲んでいるのです。

そして腸内細菌は、私たちの全身をいつもおなじ状態に整えてくれているのです。

ジョシュア・レーダーバーグという学者は、腸内細菌をたとえて、「超生命体（スーパー・オーガニズム）」と呼んでいます。

つまり、腸内細菌は、ひとつの臓器としてとらえて大切にすることが大事なのです。

腸の乱れは、肥満、肝臓がん、動脈硬化につながる

腸内細菌が乱れるなどというと、すぐに思いつく病気は、便秘や下痢などです。しかし、最近医師たちが注目しているのは、腸内細菌は腸以外の全身の病気を引き起こしていることです。

腸内細菌が乱れて、そのシステムがこわれてくると、なんと、肥満や糖尿病、動脈硬化、肝臓がんにもつながることがわかってきたのです。

じつは、肥満と腸内細菌には深い関係があるのです。

肥満だけではありません。動脈硬化や大腸がん以外の肝臓がんも腸内細菌が引き起こしていたのです。腸は人間という樹木の「根」だというのもご理解できるでしょう。

肥満は腸から感染する!

最近の研究データから肥満に関する興味深い報告があります。それは「肥満は感染する」ということです。

学術誌の「Science」(二〇一〇年に掲載)の論文によると、太ったマウスとやせたマウスをおなじケージで一緒に飼うと、太っているマウスの腸内細菌がやせたマウスの腸に感

染し、やせていたマウスが巨大に太ってしまうことがわかったのです。

太ったマウスの腸の中の特徴は、「ファーミキューテス属」の腸内細菌が多いことでした。

それに対し、やせたマウスの腸には「バクテロイデス属」という細菌が多かったのです。これは腸の中の菌の種類によって、肥満になりやすいかどうかを示した最初の論文でした。

現在、肥満を引き起こす菌の種類は一一六種類といわれています。

また、太っている人の腸内に多い「ファーミキューテス属」の菌は、食べたものを過剰に消化しすぎた結果、食べものから栄養を吸収しすぎてしまうこと。スリムな人に多い「バクテロイデス属」の菌は、過剰に栄養を吸収しないので、やせやすい体質になることもわかってきました。

赤ちゃんの腸内はお母さんのおなかの中にいるあいだは無菌状態です。

しかし、生まれるときに産道の中で母親の腸内細菌を食べて生まれてきます。生後数週間で主にお母さんの肌などから腸内細菌を受け継ぎます。

このファーストタッチが重要といわれています。

ですから、正常分娩《せいじょうぶんべん》か、帝王切開《ていおうせっかい》か、といった出産の方法でも腸内細菌の種類は異なり、正常分娩で生まれた赤ちゃんの方が母親の腸内細菌の影響を受けやすいことがわかっています。生まれた赤ちゃんに最初に触れた産婦人科医の腸内細菌を受け継いだ例なども報告されていますので、赤ちゃんに最初に触れる人はあまりメタボではない人がいいかもしれませんね。

つまり、太りやすい腸内細菌をもった母親から生まれると、その子どもはおなじ腸内細菌をもつ可能性があるということです。

近い将来、太った家系の人は、家族から太る腸内細菌を受け継ぐことが医学的に立証されるかもしれません。

このように健康は樹木。どのような出生歴か、お母さんがタバコを吸っていたかどうか、ストレスが多かったかなど「根」の部分が重要なのです。

また中性脂肪が高く、太っている家系の人は腸内細菌の改善をおすすめします。

じつは、腸内細菌の種類を変えることで、やせる効果がある薬剤もあります。

おすすめは「コレバイン」。これはコレステロールを下げる薬ですが、腸内細菌を改善し、やせさせてくれるという副次効果をもっています。一度医師に相談してみてもいいと思います。

肥満だけではありません。

血管が硬くなり、血管がつまったり、破れやすくなる動脈硬化。その動脈硬化も、腸内細菌が関係していることがわかってきました。

とくに欧米人が好んで食べる赤身肉に含まれるホスファチジルコリンは、体内に入ると腸内細菌によって代謝されて、トリメチルアミン－N－オキサイド（TMAO）という物質を生み出します。赤身肉をとりすぎてTMAOの値が高くなると、動脈硬化をもたらすことがわかりました。腸内細菌が動脈硬化を起こす原因になるのです。血中TMAOの高い人は狭心症《きょうしんしょう》や心筋梗塞《しんきんこうそく》などの心血管で起こる病気が多いのです。

太っている人は、なぜ大腸がんになりやすくなるのか

日本人のがんで問題になっていることがあります。それは、太っていることで肝臓がんになる人が増えていることです。

肥満の人は、そうでない人の五倍の危険度で肝臓がんになりやすいのです。

消化器系のがん（肝臓、膵臓《すいぞう》、胃、食道、大腸、胆嚢《たんのう》）のすべては肥満と関係があります。やせてくるのは末期になってからなのです。

太っている人は、消化器のがんに注意しなくてはなりません。

とくに糖尿病の死因は、合計すると、トップががんなのです。

ふつう、糖尿病というと、狭心症や心筋梗塞、脳梗塞などの血管の病気（虚血性心疾患

や脳血管障害）で亡くなるケースが多いという印象があると思います。

しかし、肝臓がん、肺がん、膵臓がん、胃がんなどで亡くなった糖尿病の人を合計すると、血管の病気で亡くなった人よりもずっと多いのです。

すなわち、糖尿病の死因の第一位はがん、とくに消化器系のがん。

糖尿病になったら、血管の病気と同時にがんにも注意しなくてはならないのです。

最近、脂肪肝の患者さんが激増しています。あなたも健診を受け「脂肪肝です」などと言われたことはないでしょうか。

脂肪肝は、肝臓に中性脂肪がたまった状態のことをいいます。

じつは、この脂肪肝があると、「肝臓がん」になりやすいことがわかってきたのです。

これまで、肝臓がんといえば、B型肝炎ウイルス、C型肝炎ウイルスなどの肝炎ウイルスに感染していなければ、そうそうなるものではないという認識でした。

しかし、最近増えているこの脂肪肝は、放っておいてはいけないものであることがわかってきました。

「太っていると肝臓がんになりやすい」のです。

太っていることで、アルコールも飲まないのに、肝臓に炎症が起きて、みなさんも健診の結果でよく目にするＧＯＴ、ＧＰＴ（ＡＳＴ、ＡＬＴ）という数字が上昇してくる。

こういう状態を、「非アルコール性脂肪性肝炎（NASH）」といいます。NASHが進行して、肝臓がんができてしまう人が増えているのです。NASHは五～二〇%の人が肝硬変に進み、肝臓がんになります。

この原因のひとつが、鉄による活性酸素（フリーラジカル）です。このような人では鉄を制限する必要があります。

とくに現在の日本や米国のような飽食の国では、子どもでもNASHになってしまう人がいます。高カロリーのコンビニ食、ジャンクフードはその一因です。

肝臓がんも腸内細菌が関係している

では、なぜ、太っていると肝臓がんになってしまうのでしょうか。

じつは、これにも腸内細菌が関与しているのです。

前述のように、やせた人と太った人では腸内細菌がちがうことがわかってきました。

そして、その太っている人の腸内細菌を調べてみると、「クロストリジウム・アリアケ菌」という細菌が増えていることがわかりました。

このアリアケ菌は、胆汁を分解して有害な「二次胆汁酸（デオキシコール酸）」をつくる細菌です。

この二次胆汁酸こそ、肝臓に有害で、肝臓がんをつくる元凶《げんきょう》なのです。腸内でアリアケ菌によって二次胆汁酸がつくられ、これが門脈という血管をとおって肝臓に運ばれると肝臓がんをつくるのです。

そうです。

日本人に多い、肥満からできる肝臓がんを予防するためには、腸内細菌がカギとなっているのです。

メタボの人は、減量し、腸内細菌がメタボの人に多いアリアケ菌などの「メタボ腸内細菌」に変化するのを防ぎましょう。減量するとこのメタボ菌は減少してくれます。

この二次胆汁酸に対する抗体をつくり、薬として飲めるようにしようとする研究がおこなわれており、将来は、太っていても、肝臓がんが飲み薬で予防できる日が来るかもしれません。いまでも「ウルソ」という薬がこの有害な二次胆汁酸の排出を促進してくれることがわかっています。

しかし、いま現在、他に日常生活で私たちができることはないでしょうか。

米国肝臓学会の治療ガイドラインでは、非アルコール性脂肪性肝炎（ＮＡＳＨ）の治療の第一選択はビタミンＥ投与です。ビタミンＥは小児のＮＡＳＨにもよく効きます。

ビタミンＥの多い食事もこころがけましょう。

ナッツを頻繁にとる人は寿命が長い

おやつやお酒のつまみには、ビタミンEを豊富に含んだ低FODMAPのナッツ（ヘーゼルナッツやくるみ）がおすすめです。高カロリーのものをつまむよりも、ビタミンEをたくさん含んだナッツを食べる習慣をつけてみましょう。

最近このナッツが寿命に重要であることがわかってきました。

世界でもっとも権威の高い科学雑誌である「ニューイングランド・ジャーナル・オブ・メディスン」に、ナッツを頻繁に食べる人は総死亡率が低いことが報告されました。（N Eng J Med 2013）

ナッツをよく食べている人は、がん、心臓病、呼吸器疾患《しっかん》にかかりにくいのです。

このように、腸内細菌は全身の病気にかかわる重要な「臓器」であることがおわかりいただけるのではないでしょうか。

このように腸内細菌を整えることが強い腸をつくり出し、全身の健康にも役立つことがおわかりいただけると思います。

腸の乱れが、脳の乱れをつくる

これまでの研究で、腸内細菌は脳機能にまで深い影響を与えることがわかってきました。ある種の自閉症《じへいしょう》（コミュニケーション能力に支障を来す精神疾患の一種）には腸内細菌の乱れが関係しています。

そして、これはプロバイオティクス（乳酸菌などの有用微生物）によって治療できることがわかってきました。（Cell 2013）

プロバイオティクスとは医療的な効果を期待してとる乳酸菌などの微生物のことです。ある薬剤を母親マウスに注射すると自閉症とおなじ症状のマウスをつくることができます。

この母親マウスは腸内細菌が乱れています。この母親マウスから生まれた子どもマウスもやはり自閉症の症状を表すのですが、このマウスに乳酸菌などのプロバイオティクスを投与すると自閉症の症状が改善するのです。

このように、自閉症は、腸内フローラの異常が関係していると判明しています。

別の実験で、ラットを拘束して動けなくさせると、ラットにストレスがかかり、ストレスホルモンが分泌されます。

ところが、ラットに前もってプロバイオティクスを与えておくと、ストレスホルモンが分泌されにくくなります。つまり、乳酸菌をとっていると、ストレスに対する耐性が生まれるのです。

牛乳やヨーグルトの乳糖がおなかの調子をこわす

近年、「キレる」子どもの問題がしばしばクローズアップされますが、腸内環境が整っていると、キレやすい性格が緩和される可能性が出てきました。

ちなみに、ここでまぎらわしい言葉を整理しておきます。

「プロバイオティクス」とは、健康効果をもとめて意図的にとる「善玉菌」のことです。「プレバイオティクス」とは、腸の中に棲んでいる善玉菌のエサとなり善玉菌を増やす効果のある糖質です。ヨーグルトなどに添加されています。

過敏性腸症候群の人は、プロバイオティクスはとっても大丈夫。むしろおすすめです。腸の中には複数の菌が存在することが望ましいので、たくさんの種類の善玉菌を含んだプロバイオティクスの錠剤を飲むことには賛成です。しかし、善玉菌をとろうとして、善玉菌を含んだ牛乳やヨーグルトでとろうとすると問題が生じます。牛乳やヨーグルトには小腸で吸収されにくいＦＯＤＭＡＰである乳糖が含まれるからです。この乳糖がおなかの調子をくずすもとになるからです。

プロバイオティクスをするには、乳糖を含まない錠剤でしてください。

プレバイオティクスは、善玉菌を増やすとされるオリゴ糖や水溶性食物繊維、イヌリンなどをとることです。これはおなかの調子がよい人にとっては好ましいことですが、オリゴ糖も水溶性食物繊維もイヌリンも典型的な高ＦＯＤＭＡＰ食です。小腸で吸収が悪く、小腸を水びたしにし、大腸で発酵を起こし、ガスで患者を苦しめます。おなかの調子が悪い人は、プレバイオティクスをとらないことが大切です。

また、脳の発達にも、腸内細菌がかかわっていることがわかってきました。

ＢＤＮＦ（脳由来神経栄養因子）という物質があります。脳の海馬《かいば》などに存在し、神経細胞を活性化し、その増殖を促す物質です。記憶力とも関係が深いとされています。

実験的にマウスの腸内細菌をなくしてしまうと、このＢＤＮＦが発現しなくなります。

また、脳の海馬の近くに、人間の情動をつかさどる、扁桃体《へんとうたい》という部位があります。腸内細菌がないと、扁桃体でもＢＤＮＦが発現しなくなってしまいます。

つまり、腸内細菌がなくなると、記憶力が低下してしまったり、無感動や無感情になってしまったりする恐れがあるのです。

多品目の低ＦＯＤＭＡＰ食品をとると腸も若くなる

さて、冒頭で触れたように、腸内細菌と肥満は大いに関係があります。たとえば、肥満の患者さんの腸内細菌を調べると、腸内フローラが非常に乱れていることがわかります。

腸内細菌というものは、もともと種類が豊富で、多種多様な菌が存在しているはずなのです。

ところが、肥満の人の腸内細菌は、じつに種類が少なく、特定の悪い菌が非常に多く見受けられます。

腸内フローラが乱れていると、メタボになりやすくなるのです。そこで、そのような場合に効果的な具体策をご紹介しましょう。

おなかの調子が悪くない人であれば、ヨーグルトやキムチ、納豆などの発酵《はっこう》食品を食べることが一般的にすすめられています。しかし、このような食品は高ＦＯＤＭＡＰですからおなかの調子が悪い人にはかえって下痢や腹痛のもとになります。ですから、できるだけ多品目の低ＦＯＤＭＡＰの食品を食べることです。

多品目の食品を摂取《せっしゅ》すると、その種類の豊富さにあわせて、腸内細菌の種類も増えるとされています。以前、「三〇品目の食品を食べよう」とさかんに提唱されたことがありましたが、腸内細菌の種類を増やすという意味では、それは的を射た提案なのです。また、プロバイオティクスとして、複数の乳酸菌などの善玉菌をサプリメントの錠剤（なるべく乳糖を含まない錠剤）としてとるのはよいでしょう。そうすることで多種類の善玉菌が腸内にいる状態を保つことができます。

さらに、腸内環境は、加齢とともに変化します。若いうちは小腸の吸収力が強いため、摂取された食物は、大腸に達するころには、栄養を搾り取られた残りかすになります。しかし、年齢を重ねると、小腸の吸収力が低下するため、まだ栄養分が残っている消化物が大腸に届くのです。

すると、腸内細菌が、異常に発酵してしまいます。こうして悪玉菌が増えた状態が続くと、メタボになり、さらに動脈硬化、心筋梗塞、大腸がんといった病気へつながっていくのです。

病気を予防する意味でも、若いころとおなじような食生活を送ることはすすめられません。より少なく食べて、大腸に栄養分の残った消化物が届かないようにすることが大事です。

腸内フローラのフローラとは、花を意味します。食事を改善し、いろいろな食品を食べながら、食事の全体量を減らす。

これが、美しい腸内フローラを生み出す秘訣なのです。

腸内細菌がつくる代謝産物がこれだけ変わる

なぜ、腸内細菌のバランスの善し悪しで、人間の健康に差が出るのでしょうか。

腸内細菌は、食べたものの残りかすである食物繊維を利用して増え、たくさんの代謝産物をつくります。

そして、前述したように、この代謝産物がわれわれの体に大きな影響を与えているのです。

たとえば、腸内細菌がつくる代謝産物では次の三つが有名です。

腸内細菌がつくる代謝産物である「乳酸《にゅうさん》」。

これは腸の粘膜の細胞（上皮《じょうひ》細胞）のエネルギー源となって腸の細胞が増えるのを助けます。

また、腸内細菌がつくる代謝産物である「酪酸《らくさん》」。

これは免疫《めんえき》細胞が成長するのをうながし、免疫力を強くします。

ほかにも、腸内細菌がつくる代謝産物である「酢酸《さくさん》」。

これはお酢の成分ですが、腸管の細胞のバリア機能を高めることで、感染症を予防しています。

このように、腸内細菌は腸の中でただ生きているだけではなく、いろいろな代謝産物をつくって生きており、私たちの体に大きな影響を与えているというわけです。

歳をとると、腸内細菌はどのように変化していくのか？

腸内細菌は、腸の中でただ生きているだけではなく、腸内で乳酸、酪酸、酢酸などのさまざまな有益な代謝産物（短鎖《たんさ》脂肪酸）をつくっていることを説明しました。

では、加齢にともなって増えたり、減ったりする代謝産物にはどんなものがあるでしょうか。

歳をとると減ってしまうクロストリジウム属の腸内細菌は、「短鎖脂肪酸」という代謝産物をつくっています。

これらの代謝産物は、血液の中に吸収され、私たちの体に通常は有益な影響を及ぼしているのです。

歳をとると、ある種の細菌が減ることで、短鎖脂肪酸が減り、代わりにコハク酸が増えます。

加齢とともに、消化管の中のビタミンの量が増え、単糖類が減り、多糖類が増え、アミノ酸量が増えることもわかってきました。これが「腸の老化」です。

歳をとると腸内環境は激変する

加齢とともに、腸の中に生きている腸内細菌の種類が劇的に変わります。

クロストリジウム属が減ってしまい、バクテロイデス属が増えてきます。

これによって、短鎖脂肪酸が減り、多糖類が腸の中で増えるという腸内環境の変化が起こります。

じつは、このような腸内環境のパターンは、高脂肪食モデルマウスや肥満モデルマウスの腸内環境と非常に似ているのです。

加齢にともなって腸に現れる腸内環境は、高脂肪食、高多糖食を食べているマウスの腸内環境に酷似していることがわかりました。

加齢にともない増えてくるアミノ酸。

アミノ酸は糖尿病や肥満、インスリン抵抗性に関連していることがわかっています。

つまり、歳をとってくると、自然に腸の中の細菌は、メタボの人の腸内細菌に近くなってくるのです。

いわば、加齢にともない、「腸内細菌のメタボ化」が起こるというわけです。

こういった理由のせいで「短鎖脂肪酸を増やしましょう」という「腸内細菌ブーム」が

生まれ「短鎖脂肪酸信仰」が定着したのでした。

しかし、実際には、おなかの調子がわるい人ほど短鎖脂肪酸が多すぎて、腸内が酸性化して右側の大腸の動きが悪くなっていることが判明したのは前述の通りです。過ぎたるは及ばざるが如し。何ごともやりすぎは禁物だということです。

若いときとおなじ食事をとっていると老化する

では、なぜこのように腸内細菌の種類が変わっていくのでしょうか。

その答えは、「小腸での消化吸収能力の低下」にあります。

私たちの食べたものの栄養素のほとんどは、小腸で吸収されます。

小腸には絨毛《じゅうもう》という、じゅうたんの毛のような粘膜がびっしり生えています。

この絨毛で栄養素を吸収するのです。

それに対し、大腸には絨毛がありませんから、水分とビタミンくらいしか吸収できません。

若くて元気な小腸は余すことなく栄養分を吸収してくれるので、大腸に食べものが届くときにはもう栄養分はほぼ吸収され尽くして残りかすになっています。

しかし、年齢を重ねるにつれ、私たちの小腸は栄養分を吸収する力が落ちていきます。

すると、若くて小腸に吸収力があった時代には大腸に届かなかった栄養素が、大腸に届くようになってしまうのです。

過剰な脂肪、炭水化物、たんぱく質が大腸に届くようになってしまうことで、腸内細菌が大きく変化してしまうのです。

その結果、腸内環境はメタボ化して、肥満、糖尿病《とうにょう》、高脂肪食になりやすい腸に変化していきます。

当然、それらの腸内細菌がつくる代謝産物も変わります。

これらの代謝産物も、体によくないものに変わります。

加齢した腸の腸内細菌がつくる代謝産物は、血液の流れに乗り、肥満、糖尿病、動脈硬化を引き起こすのです。

「シニア用フード」が老化を防ぐ

腸内細菌は、加齢に伴って「メタボ化」してきます。

その原因は、小腸の吸収機能の低下にあります。

したがって、私たちは、若いときとおなじものを食べていてはいけないのです。

ペットを飼っている人はご存じでしょうが、ペットフードには「シニア用」のものがあ

ります ね。

シニア用ペットフードがあるのは、じつは非常に理にかなっています。

人間も若いときとおなじものを食べていると、大変なことになるのです。

小腸機能が落ちてくると、若いときには吸収できた栄養素が吸収しきれなくなり、本来は消化管のいちばん末端である大腸には届かなかった過剰な栄養素が届くようになってしまいます。

すると、大腸の中の細菌は異常に発酵し、肥満や糖尿病患者に見られるようなメタボ腸内細菌パターンに変化していってしまうのです。

肥満、糖尿病のパターーンの腸内細菌をもっていると、糖を代謝する力が落ち、インスリンの効きが悪くなったり（インスリン抵抗性上昇）、動脈硬化になりやすくなります。

腸内細菌の「老化」によって、私たちは腸から不健康になっていってしまうわけですね。

腸がいつまでも若い方法とは

歳をとっていけば、小腸の吸収力が下がってくるのですから、それにうまく適応する必要があります。

まずは、カロリー制限（カロリー・リストリクション）が大切。

要は、腹七分目に食べることが、腸の老化を予防するのです。

カロリーを若いときの七分目に控える。

そうすることで、小腸の対応力低下に応えることができます。

小腸は必死です。

人間が食べるたくさんの栄養素を吸収して、下流の大腸にまで流さないように、日々がんばっています。

歳をとったら、小腸をいたわろうという意識が大切です。

忙しいのにおかまいなしに、小腸にたくさんの仕事を与え続けていけば、小腸はどんどん仕事を下請けである大腸に回すようになります。

そうすると、大腸は次第にそれに耐えきれなくなって、悪玉化していくというわけです。

ですから、まずは過剰なカロリーをとりすぎないようにすること。

小腸の吸収機能を超えるようなたくさんの栄養をとりすぎないこと。

そうすることで、大腸の腸内細菌を健康に保つことができるのです。

糞便移植《いしょく》の衝撃的効果

他人の便を移植すれば腸を健康に保てる？

そんな治療が米国では実際におこなわれています。

健康な腸内細菌をもった人の便をカプセルにして、飲む。

そうすると、腸内細菌の乱れが整い、病気も治るという治療です。

えー？　そんなのいやだ！

とあなたはおっしゃるかもしれませんね。

ただ、これは米国では実際に保険適用になっている治療であり、この治療によってたくさんの命が救われているのです。

腸内細菌を乱して死に至る、という病気があります。

「偽膜性腸炎《ぎまくせいちょうえん》」という病気です。

肺炎や腹膜炎など、重症な感染症にかかってしまった人に対して、どんな細菌にも広く効くような抗生物質を点滴することがあります。

そうすると、病気を引き起こしている細菌は死にますが、同時に腸の中に存在するよい菌まで死んでしまうということが起こります。

抗生物質の点滴によって、腸を整えてくれるいい腸内細菌が死んでしまい、ある種類の細菌だけが生き残ります。それが、クロストリジウム・ディフィシルという日和見菌《ひよりみきん》です。

この細菌のみが繁殖すると、ひどい血便、下痢、腹痛などで患者さんは苦しみます。

この細菌は、毒素を産生します。「D1《ディーワン》トキシン」という毒素が体を巡るようになり、ひどい人は死んでしまうのです。

「偽膜性腸炎」によって死亡する人が

この偽膜性腸炎の人の腸を、私は何度となく観察してきました。

ですから、ひと目でこの病気を診断することができます。

腸の中に、汚い膜が張っていて、かなり荒れた腸になってしまいます。

米国ではこの病気で死ぬ人が多いのです。

これまでは偽膜性腸炎に対して、さらに原因であるクロストリジウム・ディフィシルという細菌を殺すバンコマイシンという抗生剤をさらに投与するしか手はなかったのです。

抗生物質によって生まれた病気に対して、さらに抗生物質を使う。

なんだか、イタチごっこというか、後手後手の印象がありませんか？

たしかに、この治療は効きました。

しかし、新たな問題も生むことになります。

それは、今度は、このクロストリジウム・ディフィシルという細菌を殺す抗生剤であるバンコマイシンという抗生物質が効かない耐性菌が増えてきたのです。

腸を若くする治療法

このような問題に明るい光をもたらしているのが、他人の糞便に含まれる腸内細菌を移植して、抗生物質で荒れ果てた人の腸内環境を正常化しようという治療なのです。

この糞便移植は米国では保険で認可されている治療法です。

それくらい、腸内細菌というのは大切なものなのです。

将来は、健康な人の腸内細菌を移植することで、健康になるという治療が進む可能性があります。

たとえば、加齢してしまった老いた腸をもっている人に、若い健康な人の便を移植して、腸から若返る治療がアンチエイジング治療としておこなわれる可能性すらあるのです。

ということになれば、健康な腸をもっていると、将来いい値段で自分の価値ある「健康な便」を売ることすらできるかもしれませんね。

この糞便移植の治療によりたくさんの人の命が救われるようになってきました。

「便移殖が流行っている」と聞いて驚く方も多いでしょう。

じつは最近、米国をはじめとする海外や国内でも大学病院などでおこなわれているものです。

人は太ると、腸内細菌のバリエーションが悪玉の細菌に変わります。そこで、よい腸内細菌をもった人の便を移植すると、腸内細菌が整って腸の調子がよくなるのです。偽膜性腸炎の標準治療に用いられているのが「便移植」なのです。

といっても、あくまでも便です。他人のものを体内に入れるのは抵抗があります。そこで、通常、親や兄弟など二親等ぐらいの人の便が利用されます。

便を採取し、ガーゼなどで濾《こ》して茶色の液体にします。それを大腸内視鏡で覗きながら、注射器で水を撒くように腸内に注入していきます。すると、腸内細菌がよみがえり、腸内環境がよくなるのです。

これを医薬品にするか食品にするかで問題になりましたが、結果的に医薬品として認可されました。

現在、日本では治験の段階ですが、慶応大学や順天堂大学では潰瘍《かいよう》性大腸炎の治療としておこなわれています。これらの病気は未だ原因が不明で難病といわれていますが、腸内細菌の乱れが指摘され、正常な腸内細菌をもつ人から患者さんへの便移殖がはじめられているところです。

いずれ日本でも、「今日は妹の便を飲みました」なんて時代が、くるかもしれませんね。

ただ、過敏性腸症候群に対しての便移植はまだ研究段階です。低FODMAP食ほど強い科学的根拠（エビデンス）はありません。まずは低ＦＯＤＭＡＰ食をトライしてみましょう。

脂っこいものを食べていても太らない方法とは？

ここで腸内細菌のリズムを整えることでできるダイエットをひとつ紹介しておきましょう。食べる時間を利用してやせて健康になる方法です。

脂肪を食べると太りやすくなることは、あなたも実感としてわかると思います。

でも、なかなか脂肪を制限することは難しいですよね。

そんなあなたに朗報です。

じつは、おなじものを食べていても太らないテクニックがあるのです。

その具体的な方法は、食事の内容ではなく、「食べるタイミング」にコツがあります。

興味深い実験が報告されました。

一方のマウスには、普通食を与えます。もう一方のマウスには高脂肪食を与えます。

普通食を与えられたマウスは、マウスの活動時間である夜にのみエサを食べます。

しかし、高脂肪を与えられたマウスは、なんと一日中エサを食べ続けるようになります。

これは高脂肪食が、食欲をはじめとする体内時計を狂わせてしまうからです。

さて、ここで高脂肪食マウスを二つのグループに分けます。

片方の高脂肪食マウスは一日中エサを食べ放題にしておきます。もう片方は、夜八時間しかエサが食べられないようにします。

その結果どうなるかというと、食べ放題のマウスは、大好きな脂肪食を昼夜問わず食べ続けるようになってしまいます。

一方、八時間しかエサが食べられなくなったマウスは、一日中食べていたエサとおなじ量のカロリーを八時間にまとめて食べるようになり、両方のグループとも、ほとんどおなじカロリー量の高脂肪のエサを食べるようになります。

食べるタイミングを変えるだけで見た目が若くなる

この二種類のマウスを四ヵ月間おいて比較してみると、驚くことがわかりました。

おなじカロリーの高脂肪食をとっていても、食べるタイミングを八時間に限ったマウスでは、夜中食べていたマウスに比べ、なんと太りづらくなり、体脂肪が減り、血糖やコレステロールの値も下がり、脂肪肝も改善し、なんと普通食のエサを食べていたマウスと変わらないほど健康になったのです。つまり、メタボになりづらくなりました。

そればかりか、運動能力が向上しました。筋肉がやせて落ちたのではなく、体脂肪が落ちたこともわかりました。当然見た目もよくなります。

双方の時計遺伝子のリズムを調べてみると、一日中高脂肪食を食べていたマウスではすっかり乱れてしまっていた時計遺伝子のリズムが、八時間制限マウスでは回復しているのです。腸内細菌の時計リズムを整えることが肥満を抑える効果があるのです。

つまり、食べる時間を制限すること、とくに、体の時計リズムを意識して食べるようにすることで太りづらい体質になれるのです。

おなじものをおなじだけ食べていても、食べる時間によりこれだけ健康になれることを覚えておきましょう。

ヒトでも食べる時間を八時間に制限することでやせやすくなります。数ヵ月で二〇キロくらい減った患者さんもいます。

マウスもヒトもほ乳類であり、マウスの睡眠時間は一二時間です。ヒトではもっと活動時間が長いので、もっと長時間食べたくなりますがそこを制限します。

具体的には、朝ごはんをしっかり食べ、夕方ごろまでに早い食事を終えることです。

また、夜おそくまで食べられるようにと朝ご飯は抜かないことです。夜寝る前に食べると脂肪が蓄積しやすくなりますし、朝食を抜くとそれだけ体は脂肪をため込もうとしてかえって太りやすくなるからです。ぜひこの腸内細菌のリズムを利用した「八時間ダイエット」も試してみてください。

アレルギーも腸が関係している

最近、花粉症や喘息《ぜんそく》などのアレルギーで悩む人が増えています。

病院で、血液検査をして、アレルギーの検査をたくさんしても、異常なし、と言われるのですが、じんましんやかゆみなどの症状が改善しない人がたくさんいます。

このような人は、「ある検査」を受けると、治療がうまくいくきっかけになることがあります。

通常病院で調べるいわゆるアレルギー検査は、ＩｇＥ抗体という抗体を調べています。

スギ花粉や、エビなどのアレルゲン（アレルギーの原因）に対して、その人がＩｇＥ抗体という異常な抗体をもっていると、「アレルギーがありますね」と診断されるのです。

一般的な病院でおこなわれているアレルギー検査は、このＩｇＥ検査です。

このＩｇＥ抗体があると、エビを食べたとき、すぐに発疹が出たり、くしゃみが出たり、息苦しくなったりする「即時型アレルギー」が出ます。

しかし、じつは、最近新しいアレルギーの原因がわかってきています。

それは、おなじものを繰り返し食べていると、腸に負担がかかり、ＩｇＧ抗体という抗体がつくられてしまう。

このIgG抗体によるアレルギーはすぐに症状が出ずに、数時間から一日経ってから症状が出ます。

遅くなってから出るアレルギーなので、「遅延型アレルギー」と呼ばれます。

時間が経ってから症状が出るので、患者さんは、その原因に気づかないという落とし穴があります。

実際、「過敏性腸症候群」というおなかの調子を崩す人では、抗アレルギー薬が効く人がいるのです。

隠れ腸アレルギーを調べるには？

私は、原因がわからないアレルギーの患者さんの血液を米国シアトルに送って「遅延型アレルギー」を検査していますが、そうすると、本当にまさか、という原因でアレルギーを生じていたことがわかることも多いのです。

ある東京の有名なパン屋さんの息子さんが、原因不明のアレルギーでお悩みでしたが、遅延型アレルギー検査をしてみたら、なんとその親が経営しているパン屋さんのパンの原料が原因であったことがありました。

パンばかりをたくさん食べていたことで、IgG抗体ができてしまっていたのです。

このお子さんのような患者さんは、半年間、原因の食べものを食べないようにしてもらいます。そうしてから、徐々に少量から再開すると、いい結果が得られることが多いのです。

このように、単一のおなじものものばかり食べていると、腸内細菌のバランスが崩れ、免疫力が下がって不健康になるばかりか、不要なＩｇＧ抗体が生じて、アレルギーという「免疫力の無駄遣い」まで生じてしまうのです。

なぜ、大腸がんを防ぐことができるのか?

大腸を強くすることは、いま急速に増えている大腸がんを防ぐことでもあります。

現在の日本は世界でもっとも大腸がん死亡率の高い国であることが、権威ある「Gastroenterology」誌に報告されました。

胃がんが出てくる経路には、「慢性胃炎→萎縮《いしゅく》性胃炎→腸上皮化生→胃がん」という道筋があります。これを、「コレア（Correa）の道筋」と言います。

では、大腸がんができる経路はどうなっているのか、知っておきましょう。

大腸がんのできる道筋として二通り考えられています。

ひとつは、「ポリープ（大腸腺腫《せんしゅ》：アデノーマ）から大腸がんになる経路」です。

正常の大腸粘膜から、ポリープができます。そこから大腸がん（カルチノーマ）ができる経路です。

これは階段を上るように大腸がんができる経路なので、「多段階発がん」ともいいます。

まず、正常大腸粘膜にＡＰＣという遺伝子《いでんし》に変化が起こると、大腸ポリープができます。

次に、Ｋ－ｒａｓ《ケーラス》という遺伝子に変化が起こるとポリープが大きくなります。

さらに、Ｐ53という遺伝子に変化が起こると大腸がんになります。

そして、ＤＣＣという遺伝子に変化が起こると、大腸がんが肝臓などに転移するようになります。

そして、高脂肪食をとりすぎると、このＫ－ｒａｓ遺伝子の変化がある腸の大腸がんを増やすことが最近報告されました。高脂肪食は、大腸がんを進ませる可能性が高いと考えられます。

その他、運動不足（不活動）、過度のアルコール摂取、赤身肉（鳥、魚の肉を除く、牛、羊、豚肉）のとりすぎも要注意です。

日本人の場合、赤身肉の摂取量は海外ほど心配する量ではないことがわかっていますが、「毎日焼き肉」の人は注意しましょう。

世界最大の畜産国であるニュージーランドは世界でもっとも肉を食べる国ですが、大腸がんの罹患率《りかん》が世界一です。前述のように赤身肉の中に含まれるコリンを腸内細菌が代謝して動脈硬化をもたらすこともあり、肉の食べすぎには要注意でしょう。

筋肉運動をすることで、筋肉からスパークという大腸がんを予防するたんぱく質が放出されますので、運動をすることも重要です。

そして、年に一回は便潜血《せんけつ》検査を受けましょう。便潜血が陽性なら大腸内視鏡検査を受け、もしがんになる可能性のあるポリープが見つかっても、それが５㎜以上であれば、早めに切除してもらうことで大腸がんを減らすことができます。

そして、もうひとつの大腸がんの発がん経路が「デノボ経路（de novo）」です。これはポリープの経路を経ないで、いきなり大腸がんが出てくる経路です。この経路での発がんは右側の大腸（盲腸、上行結腸）のがんに多く、進行も速いのが特徴です。便潜血検査では右側大腸がんが見つかりにくいので、大腸内視鏡が右側大腸がんの診断には有用です。

便潜血検査は、便と大腸がんがきつくこすり合うことで目に見えない血が便についてくることを利用して検査する方法です。ただ、便はまだ右側の大腸にあるうちは、どろどろしていてやわらかいので、大腸がんと便がこすり合わず、便に血が混じりにくいという落とし穴があります。便潜血検査が陰性でも数年に一回は大腸内視鏡検査を受けてみましょう。

都会生活は腸、心臓、肺に負担がかかる

過敏性腸症候群とは、腸の「見た目」には異常がないにもかかわらず、下痢や便秘《べんぴ》、おなかの痛み、おなかがゴロゴロ鳴る、おなかが張るなどの不快な症状に悩まされる病気です。

とくに都会に住んでいる男性には、下痢型の過敏性腸症候群が多いことがわかっています。都会で働くことにはストレスが多いものです。

なかでも下痢型の過敏性腸症候群は、満員電車に乗ったり、重要な仕事上のプレゼンテーションをするとき、大切な面接をしなくてはならないときなどに下痢や腹痛が起こりやすいこともわかっています。

じつは都会で生活していることには腸だけではなく、心臓にも肺にも負担がかかるのです。

最近、大阪の都市部で働いている男性の死亡率が上昇していることが問題になっています。大阪の四〇代の男性に心筋梗塞での死亡率が増えているのです。これも都市部で働く男性のストレス、食生活の乱れ、メタボ化などが原因とされています。

大気汚染は大腸炎を悪化させる

また、死亡率の高いがんである肺がんですが、田舎よりも都市部に住んでいる人の方がかかる率が高いことがわかっています。中国ではＰＭ２・５（有害物質を含んだ粒子）が問題になっていますが、大気汚染も肺がんのリスクなのです。

二〇一三年には、中国で八歳の女の子が肺がんになったという報告があります。

じつは、若年者死亡率に対してＰＭ２・５は脅威なのです。

ＰＭ２・５によって世界中で毎年三三〇万人の若年者が死亡しているとされています。とくにＰＭ２・５は、大腸炎を悪化させることもわかっています。大気汚染（NO_2、SO_2、ＰＭ10といった大気汚染物質）はクローン病という大腸炎を悪化させるというデータもあるほどです。（Am J Gastroenterol 2010）

腸、心臓、肺など、都会で働く人には体へのストレスになるのです。

「気のせいだ」はヤブ医者のはじまり

問題は、過敏性腸症候群の一番の問題は、「見た目」に異常が見られないことです。

下痢や便秘、腹痛があるからと、大腸内視鏡や採血検査、腹部エコー検査などをしても見た目、つまり臓器の形状には異常がみられません。

医師は「なんともありません」と言います。心ない医師などは、「気のせいだ」「気合いが足りない」「精神科へ行け」などと真摯な対応をしてきませんでした。

このため、患者は「自分はおかしいのではないか」、「じつは命にかかわる病気が隠れているのではないか」などと不安になります。

家族や親は「じつはなまけているだけではないのか」、「親の責任だ」などと疑心案義になったり自分を責めたりします。

しかし、これはそんなものではなく、れっきとした病気なのです。

まず過敏性腸症候群という病気なのだということをわかるだけでも救われる人は多いのです。

これはみなさんに覚えておいてほしいことです。

じつは、病気には大きくわけて二種類の病気があります。

ひとつは、「器質《きしつ》的な病気」です。

器質的とは、「目で見てわかる異常がある病気」です。たとえば、おなかが痛くて、内視鏡検査をしたとき、胃潰瘍や胃がんが見つかったり、超音波検査（エコー検査）で胆石による胆嚢炎や膵臓がんが見つかったら、それは器質的な病気になります。

一方、内視鏡や腹部エコー、ＣＴ検査、採血などの検査をしても、何も異常が見つからないことがあります。にもかかわらず、患者さんは、下痢をしたり、おなかが痛くなったり、便秘したり、胃がもたれたりする。

それが「目で見てもわからない異常がある病気」です。これは胃や腸の動きが悪かったり、胃酸や腸でつくられるガスに敏感であったり（知覚過敏）、ストレスが原因です。これを機能的な病気といいます。

ヤブ医者が「気のせいだ」というのは、まちがいで、「機能《きのう》的な病気」なのです。

内視鏡は心を見るもの

これまで長寿も健康も見た目が重要なことを話してきました。

それでも見た目だけではわからないこともあります。

それは人の心です。

たとえば、胃カメラで患者さんの症状を説明できるような病気が見つかる確率はわずか九％しかないことが、ＪＭＭＳ研究でわかっています。（J Gastroenterol Hepatol 2012）

患者さんの目の奥にあるものをのぞくような気持ちで診療しないといけないということです。

なぜなら、過敏性腸症候群や内視鏡で見ても異常が見つからないが胃が不調な病気（機能性ディスペプシア）は幼少期のストレスやトラウマにも問題があるといわれているからです。

過去に幼児虐待を受けた二三歳のスキルス胃がん患者の再出発

「母がどうしても許せないんです」

そうつぶやくK君（二三歳）の手首には、リストカットの跡が残っていました。顔色が悪く、病的に痩せ、大きな目がぎょろぎょろと宙をさまよっていました。

国立大学を卒業した彼は、大手企業に就職したものの、数ヵ月で表情を失くして痩せ細り、ついには無断欠勤するようになりました。

会社の産業医から紹介された精神科では「機能性ディスペプシアもしくは神経性食欲不振症」と診断され治療を受けていましたが、内科的な問題を疑われたために、私のクリニックに送られてきたのでした。

精神科医の見立てでは、親との関係に問題があるとのことでした。名家に育った彼は幼いころから優秀で、小学校時代は毎日塾に通い、全国模試での成績もトップクラスだったといいます。

その陰では、母親からの厳しいしつけを受けており、子どもらしい遊びをすることも許されませんでした。常に母親の期待に沿うような生活を強いられていたのです。

「母は周囲に見せびらかしたいがために、僕をこんな人間にしてしまったんです。それなのに、母が切望していた会社に就職が決まった途端、胃がんで逝ってしまうなんて……」

Ｋ君の心の中には、母親に対する愛情と憎悪が同居していました。その両義的な心理が彼の苦しみの元凶でした。苦しみから逃れるために、自身を傷つけていたのです。

腹部の超音波検査をおこなうと、彼の胃の壁は異常に肥厚しており、スキルス性胃がんが疑われました。進行が速く、致命率の高い胃がんです。私は彼に、親の病は、親から子どもへの愛情に満ちた警告のメッセージであることを話しました。

「人は受精した瞬間に、先祖から荷物を引き継ぐ。それが遺伝性の病気であり、君の場合は胃がんだと思う」

彼が受け継いだ荷物を下ろすためには、過去を認めることが必要でした。私はＫ君に言いました。

「君の母親はそうやって生きるしかなかった。そして、抵抗できなかった幼い君も、そうするしか生きる術《すべ》がなかったのだ。それを認め、自分を許し、お母さんのことも許してあげてほしい」

そうして胃内視鏡で精密検査をしようとすると、K君は体を硬くしました。以前に胃カメラを挿入したときにひどく嘔吐《おうと》してしまい、以来、頑なに検査を拒否してきたといいます。

いまは経鼻内視鏡というものがあり、鼻からであれば苦痛なく検査ができることを説明すると、安心して任せてくれました。

彼の胃にはやはりスキルス胃がんが見つかり、ピロリ菌感染に加えて稀で特殊な遺伝子異常を認めましたが、腹腔鏡手術に熟達した外科医に手術を依頼し、胃を全摘《ぜんてき》して救命し得ました。おなかに残ったのは、いくつかの小さな穴だけ。医療の進歩が人生の重荷を下ろす手助けとなり、私は医師としての誇りを感じました。

K君は順調に回復し、病院を旅立っていきました。「僕に将来子どもができたら、『胃には気をつけろよ』と伝えます」と言い残して。彼は母を許し、メッセージをしっかりと受け取ったのです。K君には「心」と「体」の両方に問題がありました。

複雑ですが、この例のように、「危険徴候《ちょうこう》」を見逃さないことも大切です。

危険徴候とは、死に至る病気があるサインです。このようなサインがある場合には器質的な病気が隠れている可能性があります。必ずいちどは医師に受診し、本当に危険な病気がないかもチェックしてもらいましょう。そして心と体の両方についてわかりあえる医師を探して下さい。医学はアート（芸術）であり、そのような患者・医師関係がもっと広まることでこの国のおなかで悩むたくさんの人たちが救われることを祈ります。

あとがき

マジシャンが右手を見せるとき、手品のタネは左手にある。

それとおなじように、いままさに世の中で脚光を浴び、光が当たっている「腸を整える食事」には、じつはひそかに悩まされている人が存在し、その影の方にこそ真実があった。

ガリレオ・ガリレイやコペルニクスは「地球が宇宙の中心であり太陽は地球のまわりを回っている」とする「天動説」が信じられていた中世において、「それでも地球は回っている」と「地動説」を訴えた。

実際には、宇宙の中心は地球ではなかった。

地球が太陽のまわりを回っていたのである。

今回の本の内容は、この「コペルニクスの転回」に相当するインパクトがある

炭水化物や野菜や豆、とくに水溶性食物繊維をとり、発酵食品をとり、ヨーグルトなどの乳製品をとることが「おなかにやさしい」「腸内細菌を整える」という「常識」がいまや日本では完全に定着している。

おなかの調子がいい人はそれを続ければよい。

しかし、おなかの調子がすぐれず、普段から日常生活にいちじるしい困難感、だるさ、異常な疲れを感じている人にとってはこの「一般的に信じられている腸内細菌健康法」が逆効果であることがご理解いただけたと思う。

万人に通用する健康法など存在せず、ひとりひとり自分にあった整腸法がある。それは自分の腸に耳を傾ける「傾腸」によってはじめて可能になることを知っていただけたら、医師として本望である。これは、かけがえのない自分という存在をみつめ直すことにもつながるであろう。

この本を、私が生涯でいちども会うことのないだろうすべての患者にささげる。私はあなたのためにこの本を書いた。

また、低FODMAP食についての情報の少ない日本において、誤った腸の常識の壁にあらがい、患者のためにこの食事法を広めようとするかけがえのない医師たちにささぐ。

われわれは今後手をとりあって低FODMAPの啓蒙、普及に力を尽くしたい。

そして、なにより、知性と好奇心を持ってこの食事法に取り組まんとする勇気あるあなたにささぐ。

また、この本が日本の腸の常識を変えると信じ、生涯編集者としての使命と高い志を持たれた、さくら舎社長、古屋信吾様に感謝申し上げたい。彼こそは『気配りのすすめ』

（鈴木健二著）で四〇〇万部のベストセラーを出した日本の出版界に名を残す人だ。

古屋社長のさくら舎で出版できたことを誇りに思う。

なぜなら、僕は高校時代、彼のつくった本を読んで育ったからだ。

この運命的なご縁に感謝したい。

最後に、本を愛し、出版という貴重な文化を守り続けていらっしゃる書店と書店員の皆様に心から敬意を表したい。本こそは、文明発展の礎であり、われわれの絆をつくってくれたものだからだ。そして本こそが、人知れずおなかの不調で悩んでいる一七七五万人の力になり、その人生を変えうるものだと信じている。

この「治療」には薬も通院もいらない。ただ、食べ方を変えるだけだ。

医学、そして医療はあなたのためにある。あなたのものだ。

最後に尊敬する医の巨人、ウイリアム・オスラー（William Osler, 一八四九年―一九一九年）の言葉でこの本を締めくくりたい。

「医学はアートであって商いではない。

これは天職であって、決して単なる職業ではない。

この職業において諸君の心と頭脳は等しく磨かれなくてはならない。

君たちを家庭の信頼する相談役として、父親はその心配を、母親はその悲しみを、また息子たちはその過ちをもってくるだろう。

君たちのする仕事のうち少なくとも三分の一以上は、専門の医学書以外に書かれている内容のものである。

君たちが生を受けたのは、自分のためではなく、他人の幸福のためであることをよく心に留めるべきである」

「患者の言うことに耳を傾けろ、彼らが診断を教えてくれる」

「あなたが観察し学ばなければならないことは、自分の目で見、聞き、そして心で感じることだ」

あなたもこの言葉を胸に、自分の体の「主治医」となり、自らの腸の声を聴く「傾腸」生活を始めていただきたい。

hype." *World Journal of Gastroenterology:* WJG 20.10 (2014): 2482.

・Catsos, Patsy. *IBS: free at last!: change your carbs, change your life with the FODMAP elimination diet.* Pond Cove Press, 2012.

・Shepherd, Sue, and P. R. Gibson. *The complete low-FODMAP diet: a revolutionary plan for managing IBS and other digestive disorders.* Workman Publishing, 2013.

・https://www.youtube.com/watch?v=Z_1Hzl9o5ic（IBS symptoms, the low FODMAP diet and the Monash app that can help Central Clinical School, Monash University）

UK Collaborative Trial of Ovarian Cancer Screening (UKCTOCS)." *BMJ Open* 4.9 (2014): e005400.
・Green, Jane, et al. "Height and cancer incidence in the Million Women Study: prospective cohort, and meta-analysis of prospective studies of height and total cancer risk." *The Lancet Oncology* 12.8 (2011): 785-794.
・Thrift, Aaron P., et al. "Risk of esophageal adenocarcinoma decreases with height, based on consortium analysis and confirmed by Mendelian randomization." *Clinical Gastroenterology and Hepatology* 12.10 (2014): 1667-1676.
・Choi, Jennie ES, Pavan A. Vaswani, and Reza Shadmehr. "Vigor of movements and the cost of time in decision making." *Journal of Neuroscience* 34.4 (2014): 1212-1223.
・Bharucha, Adil E., et al. "Temporal trends in the incidence and natural history of diverticulitis: a population-based study." *The American journal of gastroenterology* 110.11 (2015): 1589.
・櫻井幸弘 . "大腸憩室症の病態 ." *日本消化器内視鏡学会雑誌* 47.6 (2005): 1204-1210.
・Chang, Anne-Marie, et al. "Evening use of light-emitting eReaders negatively affects sleep, circadian timing, and next-morning alertness." *Proceedings of the National Academy of Sciences* 112.4 (2015): 1232-1237.
・Frey, Bruno S. "Happy people live longer." *Science* 331.6017 (2011): 542-543.
・Niedenthal, Paula M. "Embodying emotion." *Science* 316.5827 (2007): 1002-1005. ・Jennifer R.S., et al..Unilateral Dermatoheliosis *N Engl J Med* 366:e25 April 19, (2012) DOI: 10.1056/NEJMicm1104059.
・Christensen, Kaare, et al. "Perceived age as clinically useful biomarker of ageing: cohort study." *BMJ* 339 (2009): b5262.
・Bao, Ying, et al. "Association of nut consumption with total and cause-specific mortality." *N Engl J Med* 2013.369 (2013): 2001-2011.
・Hatori, Megumi, et al. "Time-restricted feeding without reducing caloric intake prevents metabolic diseases in mice fed a high-fat diet." *Cell Metabolism* 15.6 (2012): 848-860.
・Ghoshal, Uday C., and Deepakshi Srivastava. "Irritable bowel syndrome and small intestinal bacterial overgrowth: meaningful association or unnecessary

syndrome: is it ready for prime time?." *Digestive Diseases and Sciences* 60.5 (2015): 1169-1177.

・Rastall, Robert A., and Glenn R. Gibson. "Recent developments in prebiotics to selectively impact beneficial microbes and promote intestinal health." *Current Opinion in Biotechnology* 32 (2015): 42-46.

・Mirmiran, P., A. Esmaillzadeh, and F. Azizi. "Dairy consumption and body mass index: an inverse relationship." *International Journal of Obesity* 29.1 (2005): 115.

・Goseki-Sone, Masae, et al. "Effects of Dietary Lactose on Long-term High-fat-diet-induced Obesity in Rats." *Obesity* 15.11 (2007): 2605-2613.

・Liu, Simin, et al. "Dietary calcium, vitamin D, and the prevalence of metabolic syndrome in middle-aged and older US women." *Diabetes Care* 28.12 (2005): 2926-2932.

・Yang, Jianfeng, et al. "Prevalence and presentation of lactose intolerance and effects on dairy product intake in healthy subjects and patients with irritable bowel syndrome." *Clinical Gastroenterology and Hepatology* 11.3 (2013): 262-268.

・Barrett, J. S., et al. "Comparison of the prevalence of fructose and lactose malabsorption across chronic intestinal disorders." *Alimentary Pharmacology & Therapeutics* 30.2 (2009): 165-174.

・Biesiekierski, Jessica R., et al. "No effects of gluten in patients with self-reported non-celiac gluten sensitivity after dietary reduction of fermentable, poorly absorbed, short-chain carbohydrates." *Gastroenterology* 145.2 (2013): 320-328.

・Barrett, Jacqueline S., and Peter R. Gibson. "Fermentable oligosaccharides, disaccharides, monosaccharides and polyols (FODMAPs) and nonallergic food intolerance: FODMAPs or food chemicals?." *Therapeutic Advances in Gastroenterology* 5.4 (2012): 261-268.

・Fuhrman, Barbara, and Victor Cardenas. "Melanocytic nevi as biomarkers of breast cancer risk." *PLoS Medicine* 11.6 (2014): e1001661.

・Zapata-Wainberg, Gustavo, and Jose Vivancos. "Bilateral earlobe creases." *New England Journal of Medicine* 368.24 (2013): e32.

・Fourkala, Evangelia-Ourania, et al. "Association of skirt size and postmenopausal breast cancer risk in older women: a cohort study within the syndrome in Japanese adults: a cross-sectional study." *PloS ONE* 10.3 (2015): e0119097.

・Shinozaki, Masae, et al. "High prevalence of irritable bowel syndrome in medical outpatients in Japan." *Journal of Clinical Gastroenterology* 42.9 (2008): 1010-1016.

・Austin, Gregory L., et al. "A very low-carbohydrate diet improves symptoms and quality of life in diarrhea-predominant irritable bowel syndrome." *Clinical Gastroenterology and Hepatology* 7.6 (2009): 706-708.

・Murray, Kathryn, et al. "Differential effects of FODMAPs (fermentable oligo-, di-, mono-saccharides and polyols) on small and large intestinal contents in healthy subjects shown by MRI." *The American Journal of Gastroenterology* 109.1 (2014): 110.

・Ong, Derrick K., et al. "Manipulation of dietary short chain carbohydrates alters the pattern of gas production and genesis of symptoms in irritable bowel syndrome." *Journal of Gastroenterology and Hepatology* 25.8 (2010): 1366-1373.

・Staudacher, Heidi M., et al. "Comparison of symptom response following advice for a diet low in fermentable carbohydrates (FODMAPs) versus standard dietary advice in patients with irritable bowel syndrome." *Journal of Human Nutrition and Dietetics* 24.5 (2011): 487-495.

・Shepherd, Susan J., and Peter R. Gibson. "Fructose malabsorption and symptoms of irritable bowel syndrome: guidelines for effective dietary management." *Journal of the American Dietetic Association* 106.10 (2006): 1631-1639.

・Roest, RH de, et al. "The low FODMAP diet improves gastrointestinal symptoms in patients with irritable bowel syndrome: a prospective study." *International Journal of Clinical Practice* 67.9 (2013): 895-903.

・Mazzawi, Tarek, et al. "Effects of dietary guidance on the symptoms, quality of life and habitual dietary intake of patients with irritable bowel syndrome." *Molecular medicine reports* 8.3 (2013): 845-852.

・Pedersen, Natalia, et al. "Ehealth monitoring in irritable bowel syndrome patients treated with low fermentable oligo-, di-, mono-saccharides and polyols diet." *World Journal of Gastroenterology: WJG* 20.21 (2014): 6680.

・Khan, Muhammad Ali, et al. "Low-FODMAP diet for irritable bowel

◎参考文献とURL

・Halmos, Emma P., et al. "A diet low in FODMAPs reduces symptoms of irritable bowel syndrome." *Gastroenterology* 146.1 (2014): 67-75.

・Simrén, Magnus, et al. "Intestinal microbiota in functional bowel disorders: a Rome foundation report." *Gut* 62.1 (2013): 159-176.

・Tana, C., et al. "Altered profiles of intestinal microbiota and organic acids may be the origin of symptoms in irritable bowel syndrome." *Neurogastroenterology & Motility* 22.5 (2010): 512.

・Farmer, Adam D., et al. "Caecal pH is a biomarker of excessive colonic fermentation." *World Journal of Gastroenterology: WJG* 20.17 (2014): 5000.

・Mazzawi, T et al. "Dietary Guidance Normalizes Large Intestinal Endocrine Cell Densities in Patients with Irritable Bowel Syndrome." *European Journal of Clinical Nutrition* 70.2 (2016): 175–181. *PMC*. Web. 4 Aug. 2017.

・El-Salhy, Magdy, et al. "Low densities of serotonin and peptide YY cells in the colon of patients with irritable bowel syndrome." *Digestive diseases and sciences* 57.4 (2012): 873-878.

・Gearry, Richard B., et al. "Reduction of dietary poorly absorbed short-chain carbohydrates (FODMAPs) improves abdominal symptoms in patients with inflammatory bowel disease—a pilot study." *Journal of Crohn's and Colitis* 3.1 (2009): 8-14.

・Gibson, P. R., and S. J. Shepherd. "Personal view: food for thought–western lifestyle and susceptibility to Crohn's disease. The FODMAP hypothesis." *Alimentary pharmacology & therapeutics* 21.12 (2005): 1399-1409.

・Mazzawi, Tarek, et al. "Dietary guidance normalizes large intestinal endocrine cell densities in patients with irritable bowel syndrome." *European journal of clinical nutrition* 70.2 (2016): 175.

・Okami, Yukiko, et al. "Lifestyle and psychological factors related to irritable bowel syndrome in nursing and medical school students." *Journal of gastroenterology* 46.12 (2011): 1403-1410.

・Rees, Gail, et al. "Randomised-controlled trial of a fibre supplement on the symptoms of irritable bowel syndrome." *The Journal of the Royal Society for the Promotion of Health* 125.1 (2005): 30-34.

・Zheng, Zhaoqiu, et al. "Staple foods consumption and irritable bowel

著者略歴

一九七一年、栃木県に生まれる。医学博士。自治医科大学大学院医学研究科を修了する。江田クリニック院長。日本消化器病学会奨励賞受賞。日本消化器病学会専門医。日本消化器内視鏡学会専門医。日本ヘリコバクター学会認定ピロリ菌感染症認定医。日本抗加齢医学会専門医。米国消化器病学会（AGA）インターナショナルメンバー。

ピロリ菌感染胃粘膜において、胃がん発生に重要な役割を果たしているCDX2遺伝子が発現していることを世界で初めて米国消化器病学会で発表し、英文誌の巻頭論文として掲載。国内外からの毎日二〇〇人近くの患者さんの診療、胃カメラ、大腸カメラ検査をおこない、原因を突き止めて胃腸の不調をなくしている。

著書には海外でも翻訳された『医者が患者に教えない病気の真実』（幻冬舎）、『長寿は感染する』（光文社）、『なぜ、胃が健康な人は病気にならないのか？』（PHP文庫）などがある。

パン・豆類《まめるい》・ヨーグルト・りんごを食《た》べてはいけません

――世界が認めたおなかの弱《よわ》い人《ひと》の食《た》べ方《かた》・治《なお》し方《かた》

二〇一七年九月七日　第一刷発行

著者　江田《えだ》　証《あかし》

発行者　古屋信吾

発行所　株式会社さくら舎　http://www.sakurasha.com

東京都千代田区富士見一-二-一一　〒一〇二-〇〇七一

電話　営業　〇三-五二一一-六五三三　FAX　〇三-五二一一-六四八一

編集　〇三-五二一一-六四八〇

振替　〇〇一九〇-八-四〇二〇六〇

装丁　アルビレオ

本文図版　朝日メディアインターナショナル株式会社

印刷・製本　中央精版印刷株式会社

ISBN978-4-86581-116-2